传统农区工业化与社会转型丛书

丛书主编/耿明斋

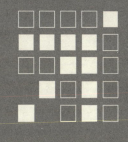

投资主导的经济增长：结构、效率及转型路径

王　远 ◇ 著

The Investment-Driven Economic Growth in China: Structure, Efficiency and Transition

社会科学文献出版社
SOCIAL SCIENCES ACADEMIC PRESS (CHINA)

　　本项研究与著作撰写出版得到了中原发展研究基金会、新型城镇化与中原经济区建设河南省协同创新中心、河南省高等学校人文社会科学重点研究基地中原发展研究院、河南省高校新型智库建设以及河南省发展和改革委员会与财政厅政府购买服务项目的资助。

如果不考虑以渔猎、采集为生的蒙昧状态，人类社会以 18 世纪下半叶英国产业革命为界，明显地可分为前后两个截然不同的阶段，即传统的农耕与乡村文明社会、现代的工业与城市文明社会。自那时起，由前一阶段向后一阶段的转换，或者说社会的现代化转型，已成为不可逆转的历史潮流。全世界几乎所有的国家和地区都曾经历或正在经历从传统农耕与乡村文明社会向现代工业与城市文明社会转型的过程。中国社会的现代化转型可以追溯到 19 世纪下半叶的洋务运动，然而，随后近百年的社会动荡严重阻滞了中国社会全面的现代化转型进程。

中国真正大规模和全面的社会转型以改革开放为起点，农区工业化潮流是最强大的推动力。正是珠三角、长三角广大农村地区工业的蓬勃发展，才将越来越广大的地区和越来越多的人口纳入工业和城市文明发展的轨道，并成就了中国"世界工厂"的美名。然而，农耕历史最久、农耕文化及社会结构积淀最深、地域面积最大、农村人口最集中的传统平原农区，却又是工业化发展和社会转型最滞后的地区。显然，如果此类区域的工业化和社会转型问题不解决，整个中国的现代化转型就不可能完成。因此，传统平原农区的工业化及社会转型问题无疑是当前中国最迫切需要研究解决的重大问题之一。

使我们对传统农区工业化与社会转型问题产生巨大兴趣并促使我们将该问题锁定为长期研究对象的主要因素，有如下三点。

一是关于工业化和社会发展的认识。记得五年前，我们为申请教育部人文社科重点研究基地而准备一个有关农区工业化的课题论证时，一位权威专家就对农区工业化的提法提出了异议，说"农区就是要搞农业，农区的任务是锁定种植业的产业结构并实现农业的现代化，农区工业化是个悖论"。两年前我们组织博士论文开题论证时，又有专家提出了同样的问题。其实对这样的问题，我们自己早就专门著文讨论过，但是，一再提出的疑问还是迫使我们对此问题做更深入的思考。事实上，如前所述，从社会转型的源头上说，最初的工业都是从农业中长出来的，所以，最初的工业化都是农区工业化，包括18世纪英国的产业革命，这是其一。其二，中国20世纪80年代初开始的大规模工业化就是从农区开始的，所谓的苏南模式、温州模式不都是农区工业发展的模式么？现在已成珠三角核心工业区的东莞市30年前还是典型的农业大县，为什么现在尚未实现工业化的农区就不能搞工业化了呢？其三，也是最重要的，工业化是一个社会现代化的过程，而社会的核心是人，所以工业化的核心问题是人的现代化，一个区域只有经过工业化的洗礼，这个区域的人才能由传统向现代转化，你不允许传统农区搞工业化，那不就意味着你不允许此类地区的人进入现代人的序列么？这无论如何也是说不过去的。当然，我们也知道，那些反对农区搞工业化的专家是从产业的区域分工格局来讨论问题的,但是要知道,这样的区域分工格局要经过工业化的洗礼才会形成,而不能通过阻止某一区域的工业化而人为地将其固化为某一特定产业区域类型。其四,反对农区工业化的人往往曲解了农区工业化的丰富内涵,似乎农区工业化就是在农田里建工厂。其实,农区工业化即使包含着在农区建工厂的内容,那也是指在更广大的农区的某些空间点上建工厂,并不意味着所有农田都要变成工厂,也就是说,农区工业化并不意味着一定会损害乃至替代农业的发展。农区工业化最重要的意义是将占人口比例最大的农民卷入社会现代化潮流。不能将传统农区农民这一占人口比例最大的群体排除在中国社会的现代化进程之外,这是我们关于工业化和社会发展的基本认识,也是我们高度重视传统农区工业化问题的基本原因之一。

二是对工业化发生及文明转换原因和秩序的认识。从全球的角度看,现代工业和社会转型的起点在英国。过去我们有一种主流的、被不断强化的认识,即中国社会历史发展的逻辑进程与其他地方——比如说欧洲应该是一样的,也要由封建社会进入资本主义社会,虽然某一社会发展阶段的时间起点不一定完全一致。于是就有了资本主义萌芽说,即中国早在明清乃至宋代就有了资本主义萌芽,且迟早要长出资本主义的大树。这种观点用另一种语言来表述就是:即使没有欧洲的影响,中国也会爆发产业革命,发展出现代工业体系。近年来,随着对该问题研究的深入,提出并试图回答类似"李约瑟之谜"的下述问题越来越让人们感兴趣,即在现代化开启之前的 1000 多年中,中国科学技术都走在世界前列,为什么现代化开启以来的最近 500 年,中国却远远落在了西方的后面?与工业革命联系起来,这个问题自然就转换为:为什么产业革命爆发于欧洲而不是中国?虽然讨论仍如火如荼,然而一个无可争议的事实是:中国的确没有爆发产业革命,中国的现代工业是由西方输入的，或者说是从西方学的。这一事实决定了中国工业化的空间秩序必然从受西方工业文明影响最早的沿海地区逐渐向内陆地区推进，不管是 19 世纪下半叶洋务运动开启的旧的工业化，还是 20 世纪 80 年代开启的新一轮工业化，都不例外。现代工业诞生的基础和工业化在中国演变的这一空间秩序，意味着外来的现代工业生产方式和与此相应的经济社会结构在替代中国固有的传统农业生产方式和相应的经济社会结构的过程中，一定包含着前者对后者的改造和剧烈的冲突。而传统农耕文明历史最久、经济社会乃至文化结构积淀最深的传统农区，一定也是现代工业化难度最大、遇到障碍最多的区域。所以，将传统农区工业化进程作为研究对象，或许更容易发现两种不同文明结构的差异及冲突、改造、替代的本质和规律，从而使得该项研究更具理论和思想价值。

三是对我们所处的研究工作环境和知识积累的认识。我们中的很多人都来自农民家庭，我自己甚至有一段当农民的经历，我们工作的河南省又是全国第一人口大省和第一农民大省，截至 2008 年末，其城市化率也才不到 40%，也就是说，在将近 1 亿人口中，有近 7000 万人是农民，所以，我们对农民、农业、农村的情况非常熟悉，研究农区问题，我们最容易获得第一手资料。同时，我们这些土生土长的农区人，对该区域的现代化进程最为关注，也有着最为强烈的社会责任感，因此，研究农区问题我们最有动力。还有，在众多的不断变化的热点经济社会问题吸引相当多有抱负的经济学人的情况下，对事关整个中国现代化进程的传统农区工业化和社会转型问题进行一些深入思考可能是我们的比较优势。

我个人将研究兴趣聚焦到农区工业化上来始于 20 世纪 90 年代中期，进入 21 世纪以来，该项研究占了我越来越多的精力和时间。随着实地调查机会的增多，进入视野的令人感兴趣的问题也越来越多。与该项研究相关的国家社科基金重点项目、一般项目以及教育部基地重大项目的相继立项，使研究的压力也越来越大。值得欣慰的是，该项研究的意义越来越为更多的学者和博士生及博士后研究人员所认可，研究队伍也越来越大，展开的面也越来越宽，研究的问题也越来越深入和具体。尤其值得一提的是日本大学的村上直树教授，他以其丰厚的学识和先进的研究方法，将中国中原地区的工业化作为自己重要的研究方向，且已经取得了重要进展，并打算与我们长期合作，这给了我们很大的鼓舞。

　　总之，研究对象与研究领域已经初步锁定，研究队伍已聚集起来，课题研究平台在不断拓展，若干研究也有了相应的进展。今后，我们要做的是对相关的研究方向和研究课题做进一步的提炼，对研究队伍进行优化整合，对文献进行更系统的批判和梳理，做更多的实地调查，力争从多角度来回答若干重要问题，比如：在传统农业基础上工业化发生、发育的基础和条件是什么？工业化究竟能不能在传统农业的基础上内生？外部的因素对传统农区工业化的推进究竟起着什么样的作用？从创业者和企业的行为方式看，工业企业成长和空间演进的轨迹是怎样的？在工业化背景下，农户的行为方式会发生怎样的变化，这种变化对工业化进程又会产生怎样的影响？县、乡等基层政府在工业化进程中究竟应该扮演何种角色？人口流动的方向、方式和人口居住空间结构调整演进的基本趋势是什么？这是一系列颇具争议但又很有研讨价值的问题。我们将尝试弄清楚随着工业化的推进，传统农业和乡村文明的经济社会结构逐步被破坏、被改造、被替代，以及与现代工业和城市文明相适应的经济社会结构逐步形成的整个过程。

按照目前的打算，今后相当长一个时期内，我们的研究都不可能离开传统农区工业化与社会转型这一领域，我们也期望近期在若干主要专题上能有所突破，并取得相应的研究成果。为了将所有相关成果聚集到一起，以便让读者了解到我们所研究问题的全貌，我们决定编辑出版"传统农区工业化与社会转型丛书"。我们希望，随着研究的推进，每年能拿出三到五本书的相关成果，经过 3~5 年，能形成十几乃至二十本书的丛书规模。

感谢原社会科学文献出版社总编辑邹东涛教授，感谢该社皮书出版分社的邓泳红，以及所有参与编辑该套丛书的人员，是他们敏锐的洞察力、强烈的社会责任感、极大的工作热情和一丝不苟的敬业精神，促成了该套丛书的迅速立项，并使出版工作得以顺利推进。

耿明斋

2009 年 6 月 14 日

从改革开放到 2012 年，拥有超过 13 亿人口的中国，经济保持了年均 9.8% 的增长，经济总量由 1978 年占世界总额的 1.8% 提高到 2012 年的 11.5%，人均国民收入从 1978 年的 190 美元上升至 2012 年的 5680 美元，无论是增长幅度还是持续的时间都是独一无二的。其间，在 2010 年底，中国经济总量超过了日本，成为世界第二大经济体。根据世界银行的划分标准，中国已经从低收入国家跨入上中等收入国家行列。这一巨大成就，被称为"中国奇迹"。

从 20 世纪 90 年代开始，学者们对中国的经济增长研究逐渐增多。主流学者认为投资是推动中国经济实现高增长的主要动力，并将中国的经济增长与当时世界主要发达经济体的经济增长进行对比后，指出中国的经济增长是投资主导的经济增长，经济社会发展中出现的一系列问题都与这种增长模式有着千丝万缕的联系，同时强调这种经济增长是不可持续的，如不立即转型，中国经济将有崩溃的危险。在具体转型的方向上，学者们的认识也比较统一，提出必须向西方国家学习，走主要依靠消费拉动的经济增长之路。政府也接受了该观点，并在政府工作报告中反复强调经济转型发展。

然而，事与愿违，在随后的十几年中，在学者持续不断的呼吁中，在政府官员对于转型发展的各种努力下，中国经济继续保持着高投资拉动高增长的发展方式。这种发展方式似乎被固定了下来，无论如何努力都无法改变。

国外学者对发达经济体的研究或许能够给我们解决问题提供一些有益的启发。Alexander 在对日本经济增长的过程进行研究后指出，日本在成为发达国家之前，也经历了高投资推动经济高增长的过程，而且高投资率在拉动日本经济实现高速增长的同时，还有效地促进了其生产效率的提升、人均收入的快速增长和产业结构的优化升级。Dekle 研究了日、韩两国投资率发展变化的过程，指出在向发达经济体迈进的过程中，投资率呈现明显的先上升后下降的变化特征。按照这个规律，当前中国所经历的高投资只是经济发展的一个必然阶段，并不需要为此而担心，这一切都会如发达经济体所经历的那样，随着经济的继续发展而自动解决。

据世界银行发布的统计信息，截至 2010 年底，全球居民消费占GDP 的比例为 61.5%，其中，高收入国家的比例是 62%，中等收入国家的比例为 57.5%，低收入国家的比例为 75%。而 2010 年中国的这一比例为 34.9%。依此标准，无论从哪个角度考察，中国的消费率都严重偏低。吴忠群等国内学者根据中国经济所处阶段测算出，中国 2001 年最终消费比例的合理区间应该在 61% ~ 65%，而投资占比的合理区间应该在 35% ~ 38%。所以，中国的消费率和投资率至少从 2002 年开始就持续偏离其合理范围。但是部分学者认为这种判断并不准确，Yi、刘遵义、沈利生等从国民经济核算的角度，运用投入产出等方法对中国投资、消费和出口要素对经济增长的贡献进行了重新研究，认为投资对中国经济增长的贡献率并没有我们想象的那么高。不过，多数学者和中国政府官员仍然坚持认为，当前中国经济中投资比例过高，必须进行调整，而且这种调整越早越好，晚了就有可能使经济社会发展遭受巨大损失和打击。

在不断的质疑和调整的讨论声中，在中国政府和学者们的持续关注下，中国投资主导的经济保持了高速增长。在此过程中，投资对经济增长的作用不断强化。尤其是 2008 年国际金融危机爆发后，在国内外需求持续疲弱的情况下，中国出口受阻、数量众多的企业集中破产、大量工人失业。为拉动经济走出困境，中国政府制定并实施了投资拉动内需的"一揽子"举措，核心就是短时间内调动四万亿元投资。该政策的实施起到了立竿见影的效果，拉动中国经济在较短时间内实现了"V"形反转，经济增速从 2008 年第四季度不及 6%，快速回升到 2009 年第四季度的 10% 以上。

但是，在短暂回升之后，在国际金融危机的持续影响下，内外需求持续疲弱，中国经济重新走弱，一些经济领域更加困难。学者们从不同角度对这一过程进行了分析，认为国家组织实施的四万亿元投资，虽然短时间内起到了扩大内需的效果，却形成了大批新增产能，进一步加剧了中国国内产能过剩的程度，使市场竞争更加残酷，企业生产经营更加困难。根据上述分析，学者们建议国家应该立即停止任何通过行政手段拉动投资扩大有效内需的措施，并将工作的重点集中在加快推进经济结构的战略性调整上，推动中国经济由投资拉动转变到消费尤其是居民消费拉动上。

笔者认为，虽然学者们从不同角度对中国经济进行了深入的分析，并得出了相对一致的建议，指出中国当前的投资拉动是不可持续的，但是，投资在中国经济的持续高增长过程中发挥了重要作用的事实，以及在学者们的不断质疑声中，在中国政府"加快经济发展方式转变"的不断调控下，投资率并没有应声下降，而是依然逆势提高的事实都证明，这种经济增长方式的长期存在必然有合理的原因，甚至在此原因下，投资主导的经济增长方式才是中国经济增长最好的选择。当然，从发达经济体经济发展历史来看，任何一种发展模式都是阶段性的，会随着经济的发展进入新的阶段而不断地调整，因此，对中国的经济增长重新进行全面审视，了解并掌握支持高投资率存在的原因以及运行机制，分析这种经济的运行状态及其发展变化趋势，对比国际经验，提出当前的这种经济增长方式是否确实需要转型，或是否到了转型发展的时间点，以及如何做才能真正地推动经济实现转型成为本书的重点。

目 录

Contents

第一章 导论

一 关于"投资"的不同解释

"投资"的内涵非常丰富，由于其与经济社会联系的紧密性，几乎所有研究或涉及投资的经济学者都在自己的重要著作中对其进行了定义。因分析研究问题的视角和领域不同，学者们赋予"投资"的内涵也存在较大差别。威廉·夏普等（2001）认为，投资是"为了将来某种不确定的价值而牺牲目前一定的价值"。马克思（1975）从资本的周转与循环过程定义投资为"货币转化为生产资本"。保罗·萨缪尔森等（2007）从国民经济核算的角度将投资定义为"一年内一国的建筑物、设备、软件产品及库存等资本存量的增加部分"，并进一步解释认为"耐用资本品的生产"是"实际投资"，而金融领域一般用法中"投资通常是指诸如购买通用汽车的股票或去开个存款户头这类东西"，将这类投资称为"金融投资"。伊特韦尔等（1996）将投资看作"资本形成、获得或创造用于生产的资源。资本主义经济中非常注重在有形资本——建筑、设备和存货方面的企业投资。但是政府、非营利公共团体、家庭也进行投资，它们不但包括有形投资，而且包括人力资本和物性资本的获得。原则上，投资还应该包括土地改良或自然资源开发。相应地，生产的度量除包括生产出来用于出售的商品和劳务外，还应包括非市场性产出"。徐文通（1992）在其主编的《投资大辞典》中定义投资是"指经济主体（国家、企业或个人）垫支货币或物资以获取价值增殖手段或营利性固定资产的经济活动过程"。杨海明、王燕（1998）从价值的使用权出发将投资定义为"为取得未来的资产使用权而转让现在的资产使用权"。郎荣燊等（1996）认为投资既是特殊的活动又是特殊的资金，在其《投资学》教科书中将投资定义为："将一定数量的资财（有形或无形的）投放于某种对象或事业，以取得一定收益或社会效益的活动。"

综上所述，投资与社会活动的紧密联系及其社会表现形式的多样性，导致为其量身打造一个精确定义非常困难，学者们对投资的定义主要采取了两种处理方法，一是给投资一个大而全但较为简单、笼统的定义，如威廉·夏普等；二是根据自己研究的领域和具体内容，赋予投资一个特定的内涵，如保罗·萨缪尔森等。但是，这些不同的投资定义之间并不是完全独立各不相干的，而是存在一定的联系。耿明斋（2007）根据这种联系，将投资定义分为三个层次。第一个层次将投资解释为"货币收入或其他任何能以货币计量其价值的财富拥有者牺牲当前消费、购买或购置资本品以期在未来实现价值增殖的谋利性经济活动。简而言之：投资是投入货币以实现价值增殖的活动"。第二个层次将投资解释为"厂房、设备及存货等实物资本品的购置。也就是说，投资是实物资本的形成"。第三个层次将投资解释为"股票、债券等金融资本品的购买。此时，投资就是证券投资"。其中，第一个层次是对一般投资活动的高度抽象的概括，第二、三个层次是对两种不同具体投资活动的特殊规定。

本书研究的一个重要任务是考察国民经济核算中投资、消费和净出口在拉动经济发展中的作用，这与保罗·萨缪尔森在其教科书中给出的投资的定义比较接近。但是，本书所指的"投资"是要形成实物资本，并参与生产的投资，这与国家统计局（2011）对"固定资本形成"的定义比较匹配，"指常住单位在一定时期内获得的固定资产减处置的固定资产的价值总额。固定资产是通过生产活动生产出来的，且其使用年限在一年以上、单位价值在规定标准以上的资产，不包括自然资产"。

二 关于经济增长

（一）"经济增长"的内涵

"经济增长"是宏观经济学最核心的概念之一，对其做出的不同解释能够在一定程度上反映经济学家的学术倾向。如库兹涅茨（1999）从供给角度，将经济增长看作一个总量扩张与结构变化同时进行的过程，在此过程中制度和意识也在不断地变化。诺斯在《西方世界的兴起》中，将经济增长看作一个制度效率提高推动经济发展的过程。费景汉和拉尼斯（2009）从制度的角度将经济增长理解为一个通过制度变迁推动资源优化配置、实现最优生产的过程。费希尔多等（1997）认为经济增长是"生产要素积累和资源利用的改进或生产要素增加的结果"。萨缪尔森、诺德豪斯等从生产能力的角度将经济增长定义为"一国生产潜力的增长"，并指出人力资源、自然资源、资本和技术是推动经济增长的主要要素。

综上，虽然学者们的理解不同，但是从定义中可以看出一个共同点，即经济学家们都同意，经济增长是一个国家（或地区）一段时期内产出的增长。在目前情况下，许多学者认为国内生产总值（GDP）仍然是表示某一时期经济发展水平的最佳指标。根据国家统计局（2011）的定义，GDP就是指"按市场价格计算的一个国家（或地区）所有常住单位在一定时期内生产活动的最终成果"。

这里需要明确的是，经济增长不等同于经济发展，经济发展在总量增加的同时，还包含质量改善的内容。也就是说，经济增长不一定能够带来个人福利的改善或生产效率的提升，有可能总产出或人均产出增长了，人民却反而比以前更为贫困。刘易斯在《经济增长理论》的开篇就阐明了这一观点。阿德尔曼和莫里斯在1973 年的著作《发展中国家的经济增长与社会平等》中，对 43 个国家占全国 60% 的最穷困人口的收入分配和该国全部经济记录的研究发现，在这些国家的经济增长过程中，最穷困人口的绝对收入和相对收入比重都出现了下降，支持了刘易斯的判断。

（二）经济增长理论的简要回顾

解释经济运行机制，指导经济实践，使经济朝着人们所期望的方向发展，是宏观经济学研究最重要的任务。随着经济的发展变化和学者们对经济运行规律认识的不断深入，形成了不同的经济理论，这些理论带有明显的阶段性特征。

1. 古典经济增长理论

将经济增长研究上升到理论高度是从古典经济学开始的。这其中，亚当·斯密、李嘉图、马尔萨斯、穆勒等著名经济学家对相关理论的形成和发展做出了杰出的贡献，他们的观点和理论构成了古典经济学的主要观点。以劳动价值论为基础，亚当·斯密、李嘉图等人提出劳动、分工、资本积累是影响经济增长的主要因素，并建立了强调资本重要性的古典经济增长模型。马尔萨斯从人口增长与经济增长的关系分析提出了人口理论，认为从长期来看，无论如何努力，人们的生活水平都无法得到实质性的提升。因为，当人均收入超过某一均衡水平时，人口的死亡率就会下降，而生育率将上升，人口的增长导致人均收入回落到其均衡水平，从而陷入"马尔萨斯陷阱"。Richardo 研究认为土地、资本和劳动等要素产出的边际报酬是递减的，这种递减将最终导致一个国家经济增长的停止。

从内容看，古典经济学者们所持的观点并不相同，但是他们都坚持天生自由，或者更确切地说是自由放任的信条，和通过经济增长改善人的生存条件的信条。古典经济学家明确提出资本、劳动、技术、自然资源、分工等因素，是推动经济增长的动力，尤其突出了资本对经济增长的重要性，并对各种因素的作用机制进行了初步探讨，虽然没有使用精致的数理和计量模型，但经济增长的理论框架基本建立起来。受制于当时以农业为主的经济发展阶段，他们的分析对于技术进步等因素、对提升经济效率的作用没有得到足够重视，对经济增长的分析结论倾向于悲观，认为生产的边际报酬递减将导致经济体经济发展的终止，因而经济增长不具有可持续性。

2. 新古典经济理论

19 世纪经济学界的"边际主义革命"标志着西方经济学进入新古典经济学阶段。新古典经济学的主要贡献不在于提供了新的经济思想，而是对诸如边际分析、一般均衡等分析工具的改进上。在对经济增长动力的探源上，马歇尔强调了企业的外部经济与内部经济对经济增长的作用，认为财富（资本）的增加、智力水平的提高、分工协作等，都会导致企业收益的递增，促使经济增长。熊彼特用"创新"解释经济发展。他指出，创新是指生产要素的"新组合"，这种"新组合"包括新生产方法的使用、新资源的获取、新组织的建立等。熊彼特认为，为了获取超额利润而进行创新是企业家所特有的职能，而创新是打破经济的静态均衡实现发展的关键。

相对于新古典经济学在微观上的成就，其在宏观经济领域的研究出现了长时间沉闷。凯恩斯在 1936 年发表的《就业、利息和货币通论》中，从需求角度对"大萧条"的形成给出了有力的解释，并提出了政府政策干预经济的政策主张，被西方主流经济学界接受，将宏观经济研究重新拉回到人们的视野之中。凯恩斯将经济分析重心从供给分析转移到了需求分析，并使用总供给函数和总需求函数来解释"均衡"，摒弃了经典学派供给自己创造需求的"恒等"分析范式。哈罗德和多马以凯恩斯的需求决定论为基础，分别独立地提出了含义完全相同的经济增长模型，研究成果被合称为哈罗德—多马模型。该模型克服了凯恩斯只从需求方面解释经济现象和进行短期分析的局限性，将该理论长期化、动态化分析经济长期均衡的条件。模型的基本公式为：$G = S\sigma$。其中 G、S、σ 分别表示经济增长率、储蓄率和资本的产出系数。二战后，该模型被广泛用来处理经济增长和储蓄、投资之间的关系。但该模型假设储蓄完全转化为投资、不存在技术进步以及劳动和资本互不替代，导致模型推算出的经济增长的路径是不稳定的，如果出现偏离，将不能够自主回复到均衡状态，被称为"刃锋上的均衡"。

鉴于哈罗德—多马模型在分析经济增长中的局限性，学者们努力尝试建立新的经济增长模型。索洛（1956）和斯旺（1956）在对哈罗德—多马模型进行修正的基础上，建立了新的索洛—斯旺模型。其与前者的主要区别有：①放松了资本与劳动不能替代的假设，使资本—产出比成为可变；②强调只要市场机制是完全的，就可以通过选择资本—产出比实现充分就业；③认为技术进步虽是外生的，却是人均收入增长的源泉；④在要素的边际收益递减的作用下，只有不断的技术进步才能保证人均经济增长率不会趋于零。模型的表达式为：$\Delta Y/Y = \lambda + \alpha(\Delta K/K) + \beta(\Delta L/L)$。其中，$\lambda$ 为技术进步对经济增长的贡献率，α、β 分别为资本和劳动的产出弹性，$\Delta Y/Y$、$\Delta K/K$、$\Delta L/L$ 分别表示总产出增长率、资本增长率和劳动增长率。

在新古典经济增长模型中,经济增长率不但取决于劳动和资本增长率,还取决于技术进步。新古典经济增长模型将资本、劳动、技术进步甚至土地都纳入模型进行分析,提高了模型的解释能力。尤其是强调了技术进步对经济增长的作用,相对于古典经济学派的"资本决定论"来说是一大进步。但是,新古典经济学派所假定的自由市场下的充分就业均衡、资本和劳动可以任意替代、技术外生、规模收益不变等与现实脱节,又在一定程度上降低了模型的解释能力。

3. 新经济增长理论

以罗默、卢卡斯、杨小凯、诺斯等人为代表,他们在对新古典经济增长理论的观点和研究方法等进行重新思考的基础上,从技术变化、人力资本积累、制度变迁、分工演进等角度提出新的经济增长模型,形成了新的研究的侧重点和方向,这些新的理论被统称为新经济增长理论。由于新经济增长理论目前仍然处于不断的演化发展之中,还没有形成一个能够被多数学者认同的基本理论模型,因此,表现为一个由持相同或相似观点的众多研究者所提出的各种经济增长模型组成的松散集合体。其中,内生技术进步的增长模型、人力资本积累的增长模型、劳动分工演进的增长模型和制度变迁的增长模型具有典型性,表明了四个主流的研究方向和重点。

罗默等人提出的内生技术进步的增长模型,把知识和人力资本内生化,强调了它们对经济增长的决定性影响;舒尔茨等人针对"技术决定论"的不足,把资本分解为常规资本和人力资本两种形式,提出了用人力资本积累来补充和发展技术进步论的思路;阿林·杨格发展了斯密"分工受市场范围的限制"的思想,对市场范围与劳动分工间互相作用、自我演进的机制进行了论证,提出分工扩展与知识积累相互作用的经济增长模型;诺斯认为即使没有技术进步，仅仅通过制度创新或变迁也能提高生产率、实现经济增长，所以，在对分工演进、交易费用、产权制度与经济发展之间的关系进行充分论证的基础上，开拓性地把制度因素内生于经济增长模型，形成了制度变迁的经济增长模型。

除了从上述方面阐述经济长期持续增长问题外，经济学者们还分别主要从外部性 [Rivera-Batiz 和 Romer（1991）、Young（1991，1998）、Stokey（1991，1995）等]、新产品出现 [Helpman（1992）、Jones 等（1995）、Barro 和 Sala-i-Martin（1995）等]、收入分配 [Galar 和 Zeira（1993）、Banerjee 和 Newman（1993）、Todaro（1997）、Rasul 和 Rahim（2011）] 等方面建立了内生经济增长模型，探讨经济实现长期增长的问题。

另外，罗斯托将经济增长理论研究与经济史研究相结合，从经济社会发展的角度提出了经济增长阶段理论。这是一种从经济视角观察社会发展的理论，无论是在观点、分析方法上还是在政策主张等方面都有自己的特点，对发展中经济体更具指导意义。该理论将经济社会发展划分为六个阶段，分别为："传统社会阶段"、"为起飞创建前提阶段"、"起飞阶段"、"成熟阶段"、"高额群众消费阶段"和"追求生活质量阶段"，并认为每一个阶段都对应着推动经济增长的不同类型的主导产业，并形成相对独特的经济结构。罗斯托对这一现象进行了详细的描述和分析，并据此对当时世界上的主要经济体进行了发展阶段的划分。在分析中，罗斯托强调了制度因素在经济体从低级阶段向高级阶段发展过程中的重要作用，并对创新非常推崇，认为它是经济成长的制度条件中包含的一个重要因素。同时，罗斯托还强调了社会、文化、心理因素的作用。

综上研究，新经济增长理论突破了传统经济增长理论中强调的劳动、资本等实物动力因素，更加重视人力资本、分工、贸易和制度等"软"因素的作用，还突破了传统的完全竞争机制，提出了垄断竞争等新的机制。但是，新经济增长理论在技术和制度的共性研究方面仍然有许多待解决的问题。

（三）经济增长理论需要说明的问题

通过对相关经济增长理论的回顾发现，经济增长动力的转变，对经济增长方式的转变的确具有非常重要的作用，在某种程度上，经济增长的主要动力因素决定了经济发展所采用的增长方式。但是，在现实的研究中，经济学者之间对推动经济增长的主要动力是什么，以及这些推动因素是如何发挥作用等方面都存在较大分歧，例如，Lucas（1988）、Goodfriend 和 MeDerott（1995）等学者强调人力资本对经济增长的重要作用，Swan（1956）、Solow（1956）等学者则认为不断的技术进步是经济社会可持续发展的主动力，而 Rebelo（1991）、Yang 和 Borland（1991）、Peng 等（1997）等学者认为政策制度、分工、城镇化等因素对经济增长具有主导作用。对现实世界经济现象的研究，之所以会出现如此不同的结论，笔者认为主要有以下两个方面的原因。

1. 与所处社会经济发展阶段相关

经济学是与现实联系非常紧密的学科，经济理论是在一定时期内，对一国（地区）或多个国家（地区）经济发展的历史进行总结归纳和高度抽象概括后，所得出的符合一般逻辑的规律总结。我们认为，通过研究过去来指导现在和预测未来，几个重要的假定前提是必不可少的：①我们的经济不会在制度、技术、组织等影响或决定经济发展方向的重要环境方面，出现重大的突破性或方向性的改变；②被用于研究的国家的经济具有典型性，研究得出的成果具有普适性；③在使用经济理论对一国的经济现象进行分析时，该国的经济发展规律与被研究并形成经济理论国的经济完全遵循同样的发展规律，且国内环境也是相同的；④经济在发展路径上是线性的而且是唯一的，即各国都沿着同样的路径发展经济，没有第二条路可以选择，且经济发展的各个阶段是无法超越的。

而事实是，经济增长总是随着即使是未来学家们也无法预料的重大变革而发生巨变，当经济发展中出现重大技术突破、制度变革等新情况时，这些现有理论经常会遇到难以给出合理解释的问题，必须对原有理论进行修改，这种修改有时是颠覆性的。正是这种修改，使经济理论呈现了与经济社会发展一样的阶段性特征。同时，各个国家或经济体在历史、人文习惯等方面的不同，造成一些经济理论并不一定具有通用性，在使用这些理论进行现实分析时，往往会得出连分析者自己都觉得不可思议的结论。另外，各个国家或经济体在经济发展路径上也不是完全一致的，会根据自身的具体情况有所改变或调整，而这种改变或调整也在一定程度上降低了相关经济理论的适用性。

2. 与影响经济增长的因素有关

由于经济领域的广泛性，学者们很难实现对经济发展的全面掌握，因而在对现实世界的研究中，总是选取一定的切入点。由于研究者选择的角度不同、个人研究偏好不同，甚至同样视角下选择的变量不同、采用的研究方法不同，都有可能导致最终结论的不同，导致对一些因素的过分强调和对另一些重要因素的忽略。

但是，并不能因此就认为研究经济理论一无是处。经典的经济理论，尽管与现实存在一定的偏差，但仍然对指导我们的经济建设提供了有益的参考，或至少为我们提供了研究经济的方法论，为我们观察经济提供了一个有益的视角。所以，对经济增长理论的回顾不但可以帮助我们对不同历史发展时期拉动经济发展的主动力进行梳理，更重要的是有助于我们对经济发展的主导力量的变化及影响变化的因素有所了解，并据此为我们经济转型的研究找到突破口和切入点。

三　关于经济增长方式

（一）相关定义

"经济增长方式"最早由苏联经济学家提出。苏联经济学家在分析苏联经济社会在经历较长时间高速增长后，人民生活水平与西方发达国家居民相比仍然存在较大差距的原因时提出，"经济增长方式"不同是差距存在的主要原因。根据马克思关于扩大再生产两种形式（外延式扩大再生产和内涵式扩大再生产）的论述，苏联经济学家们认为苏联的经济增长主要是依靠资源、劳动等要素投入增长所支持的外延式的经济增长，这种增长虽然也能达到较高增速，但是发展的成本非常之高，高到无法持续。根据这一分析结果，苏联在随后的五年发展计划的制定中将经济增长效率的提高作为经济转型目标。西方经济学家尤其是研究发展经济学的学者们，接受了苏联经济学家提出的这一概念，并根据研究需要将"经济增长方式"翻译为"pattern of growth""growth pattern""model of development strategy"等。我国 20 世纪 60 年代后期，留苏经济学者刘国光、董辅礽等引入了"经济增长方式"的概念，卫兴华和侯为民（2007）、吴敬琏（2008）等学者进行了深入讨论。从给出的定义看，学者们的理解基本一致。大部分认为经济增长模式是"指推动经济增长的各种生产要素投入及其组合和作用的方式"。根据上述定义，笔者认为，经济增长方式主要有两层内涵：一方面，经济增长方式包含了经济增长的路径和目标，就是通常所说的依靠哪些要素，借助哪些手段，通过什么途径，最终得到怎样的经济增长结果；另一方面，经济增长方式的改变就是各种经济联系或经济关系的变化，即在不同的经济增长方式下，各种经济要素的投入组合方式和相互作用方式都有明显差别，这种关系的改变通常会表现在经济结构发展变化趋势的重大调整上，因此经济增长方式转换过程就成为各种结构关系的变革过程，并最终表现为经济结构发展趋势的变化。从这种意义上讲，经济增长方式的转变可以理解为各种经济结构的统筹调整。这也是本书将经济结构作为对中国经济增长研究切入点的原因。需要明确的是，当前在实际使用中出现了同时使用"经济增长方式"和"经济增长模式"两个概念，吴敬琏认为两个概念所要表达的是一个意思，只是由于翻译者的原因造成了表述的不完全一致。对此，笔者表示支持，并接受这一观点。

（二）经济增长方式的分类

经济增长的主要动力在一定程度上决定了经济增长方式，而动力的转换推动了经济增长方式的转换。由于研究经济增长的理论众多，从不同的角度研究经济增长，会有不同的结论表述，要理解这些表述，并发现相互之间的联系，需要对经济增长方式进行分类，并对现有的转型研究进行比较系统的归纳。从对目前已有文献梳理的情况来看，经济增长方式主要有以下分类。

1. 按照要素使用方式分为"粗放型"的经济增长方式和"集约型"的经济增长方式

这种分类方法是与马克思在《资本论》中将生产过程划分为"外延式扩大再生产"和"内涵式扩大再生产"相对应的，只是角度不同。前者侧重于增长结果，后者更侧重于生产过程。

（1）"粗放型"经济增长方式。指经济增长主要依靠要素投入量的快速增加来推动实现。根据边际产出递减规律，这种模式下，较高的经济增速需要要素以更快的增长速度作为支撑。随着生产规模的扩大，为保持经济增速不变，要素投入需要加速增长，而现实中要素总量的有限性，决定了经济增长迟早会遇到要素投入减速的发展"瓶颈"，使增长无法继续。因此，从长期来看，这种经济增长方式下，经济陷入衰退是迟早的，经济学者们据此认为这种增长方式在发展到一定程度后必须转型。

（2）"集约型"经济增长方式。指通过不断提高要素使用效率推动经济增长的发展方式。许多经济学者认为，这种经济增长方式可以有效解决"粗放型"经济增长方式下无法解决的资源短缺和生态环境约束问题，因而是一种有效率、可持续的增长方式。

需要说明的是，对于一个经济体来说，粗放的经济增长方式下也会有技术进步和效率改善，只是这些不是推动经济增长的主要力量；同样，集约的经济增长方式下要素投入增加也会对经济增长做出贡献，但也不是推动经济增长的主要力量。另外，林毅夫等（2007）认为，不从一国或地区资源禀赋和发展阶段出发，而简单地认为"集约型"经济增长方式优于"粗放型"经济增长方式的结论是不合适的。林毅夫指出，从生产成本最小化的角度出发，当一国或地区进行技术研发或效率改进的成本高于要素投入所带来的经济社会成本时，以增加要素投入为主的"粗放型"经济增长方式，能够比"集约型"的经济增长方式更有效率地推动经济增长。因此，林毅夫认为将经济增长方式划分为"集约型"增长和"粗放型"增长是不科学的，并根据推动经济增长的四种主要因素（生产率水平、资本、劳动和土地），将经济增长方式划分为依靠生产效率提高的经济增长，即全要素生产率增进型（即"TFP"增进型）经济增长方式，和依靠资本、劳动和土地（或自然资源）推动的经济增长方式，统称为"要素积累型增长方式"。但是，鉴于TFP表示的是除了要素投入外，还包括技术进步、结构优化、制度改革等所有能够提高生产效率的因素的集合，而其中，通过投入品品质的提高和引进高端设备导致的技术进步并不能完全通过TFP表现出来，因此这种分类方法有可能会低估技术进步的贡献。

2. 按照产业发展重点的不同划分为平衡的经济增长和不平衡的经济增长

这种划分主要是根据学者们关于推动经济增长是需要全面同时推动，还是集中要素资源突出发展重点。

（1）平衡的经济增长方式。该种增长模式更注重经济增长各部门间的协调性，强调通过在各个经济部门之间同时进行符合一定比例的投资，推动经济实现全面、均衡的发展。这种增长模式下，需要对宏观经济当前的发展状态和未来的发展方向有一个非常准确的把握。以此为依据，需要为宏观经济发展制订极为详细的发展计划，并能够得到坚决而有效的执行。罗森斯坦—罗丹、纳克斯、斯特里顿等分别从理论上对平衡增长的具体实施方式和路径进行了论证。

（2）不平衡的经济增长方式。持该种观点的经济学者们认为，由于资源等要素的有限性和信息的不完善，全面均衡地推动经济增长很难办到，因此主张，经济体尤其是发展中国家应有选择地重点对某些部门或地区进行大量投资，通过这些部门或地区的快速发展和突破，带动整体经济实现快速增长。赫希曼的"核心区—边缘区"就是典型的不平衡发展理论。该理论对如何实现不平衡增长做了比较深入的分析阐述。罗斯托对经济发展阶段的研究也为不平衡发展提供了理论和现实依据。

笔者认为，平衡增长是一种理想化的增长方式，但是最需要发展的不发达地区，既不可能有推动全部部门和产业平衡发展所需要的巨量的资源，也不可能对宏观经济发展状态的掌握达到"了如指掌"的程度。即使在我国和苏联的计划经济时代，发展的思想也主要是通过发展工业带动其他产业发展，这种全面而均衡的发展也没有真正实施过。因此，这种理论对经济发展实践的指导意义并不强，只是提供了研究经济增长的一个视角。现阶段，不平衡发展理论对于包括发展中国家和发达国家在内的各类经济体经济发展更具指导意义。该理论认为如果各经济体能够结合其资源禀赋、比较优势、历史文化等特点，选取带动能力强的领域作为发展重点，将有可能会带动经济实现快速发展。实践中，这一观点被反复证实。

3. 按照资源配置方式的不同划分为市场经济体制下的经济增长方式和计划经济体制下的经济增长方式

围绕是让市场在推动经济增长中发挥更大作用还是让计划发挥更大作用，分别建立了以市场为主体的市场经济体制和以计划为主体的计划经济体制，并形成了各自的经济增长方式。

（1）市场经济体制下的经济增长方式。强调通过建立完善以市场为主体的竞争机制，将经济关系货币化，通过要素资源的自由流动和市场价格调节，达到资源有效配置、推动经济增长的目的。这是一种在高度发达的商品经济中实现的经济增长。企业是市场活动的微观主体，政府以裁判员的身份参与经济活动，对经济运行进行宏观调控，但并不直接干涉企业的正常生产经营活动。

（2）计划经济体制下的经济增长方式。强调计划作为社会资源配置的主要手段，通过严格执行预先的计划安排推动经济增长。在这种体制下，一国或经济体的生产、分配和消费的各个环节均是按照政府的计划指令进行。这种情况下，政府在制定宏观经济发展政策和战略的同时，还要根据政策和战略对具体工作进行分解，细化到具体企业的生产经营活动，甚至企业生产活动的各个环节。资源的分配也是严格按照政府指令在全社会范围内进行统筹调拨，每一项计划的执行都离不开政府的行政指令。从这种意义上说，标准的计划经济也可以被称为"指令性经济"。

计划和市场都是解决各类经济资源如何分配的手段，绝对的计划经济或完全的市场经济是不存在的。即使在计划经济体制非常完善的苏联，市场也在一定范围内发挥着作用。同样，在美国、英国等以自由市场经济标榜的经济体内部，计划也有存在的空间。计划和市场各有各自的适用领域，并不存在孰优孰劣的问题。而且实践也已经证明，二者之间具有很好的互补性，因此对两种经济增长方式的划分，主要是依据哪个机制在经济发展中发挥更主要的作用。从目前经济运行的实践来看，以市场为主体的经济增长方式，更有利于实现经济保持平稳快速增长和人民生活质量提升的目标。

4. 按照 GDP 增长核算分类划分为投资主导的经济增长、消费主导的经济增长和出口主导的经济增长

GDP 通常被认为是衡量经济增长的主要指标。从 GDP 核算的支出角度看，投资、消费和净出口构成了 GDP 的全部内容，通常被称为拉动经济增长的"三驾马车"。按照"三驾马车"在拉动经济增长中所起作用的不同，可划分为投资主导的经济增长、消费主导的经济增长和出口主导的经济增长。形成上述三种经济增长方式，主要是通过制定有利于投资、消费或出口的倾斜性支持政策，使投资、消费或出口在经济增长中成为拉动经济的主要力量。这个经济增长方式的分类被政府和媒体所广泛采用、反复提及，但使用比较混乱。许多情况下，将"投资主导的经济增长"等同于"粗放型"经济增长，而将"消费主导的经济增长"描述为"集约型"经济增长，虽然有一定道理，但是这些不同分类下的经济增长方式区别还是较为明显的。

经济学者们在描述我国经济增长方式时有时会使用该分类，如吴敬琏（2008）、陈志武（2009）等。但是，在对经济增长动力进行比较严谨的学术分析时，使用这种分类的并不多。笔者仅查到张雪松（2003）、赵晓雷和申海波（2004）、李占风和袁知英（2009）、沈利生（2009）等为数不多的文献。这或许与西方主流经济学对

经济增长动力的分析中，并没有将"三驾马车"纳入理论分析的框架中有关。

张军（2003）等学者对"三驾马车"的这种提法提出了质疑，在《焦点》杂志上指出"我只知道经济增长即 GDP 的增长与技术进步、生产率、创业、企业家精神、资本形成等有关系，单和消费、投资没有什么关系，和出口也没有关系。几十年来媒体制造了 GDP'三驾马车'谬误，误导了大众，误导了政府，现在继续澄清"。笔者认为，根据西方经济学中对 GDP 核算的方法，这种分法中所指的投资就是资本形成，而不是张军所认为的其他内涵的投资。同时，从吴敬琏和苏联经济学家们对"经济增长方式"所做的定义来看，这种分类方法也是合适的，因为它能够非常明确地表明经济体在一段时期内经济增长方式的各种特点。

（三）经济增长方式转变的研究

从上述分类可以看出，经济增长方式是在某一视角下对经济增长主动力的判断，是一个相对的概念，同一个经济体，可以同时被指认两种或以上的经济增长方式，而并不相互冲突或矛盾。如中国的经济增长方式被普遍认为是投资主导的经济增长方式，但同时又被认为是粗放型的经济增长方式。

所谓经济增长方式转变则主要指在同一判定标准下，经济体从自身发展条件出发，从一种经济增长方式通过努力转变为另一种不同的经济增长方式。从经济发展的历史角度看，一定时期内的经济增长方式并不是如理论上的定义般清楚而独立存在，通常也是以你中有我、我中有你的形式存在。即在粗放的经济增长方式中，也有技术进步的情况；在投资主导的经济增长方式中，部分领域中也存在消费或出口主导等。

另外，经济体在某一时期所表现出的某种形态的经济增长方式，是各种影响经济增长的因素共同作用的结果，有一定的必然性。所以，从人类经济发展的整个历史来看，经济增长方式的转变是有规律可循的。从这种意义上讲，经济增长方式的变迁方向具有可预期性。但是，这并不意味着经济增长方式可以随意选择。罗斯托（1962）在《经济成长的阶段》中，不但对经济增长阶段进行了划分，而且明确指出了每一个历史时期，拉动经济增长的主要行业及不同的历史阶段的转变过程，很好地解释了实现某种经济增长方式，需要达到一定的经济发展阶段，并满足一系列的条件，而不能仅凭人们的主观意愿。所以，经济增长方式的转变不是瞬间完成的，而是需要一个过程。

在经济增长方式转变的过程中，转变常常表现为达到一定阶段后的自发行为。但这种自发性并不意味着我们在整个过程中的无所作为。我们可以通过研究转变条件，掌握规律，并按照规律和我们发展经济的需求，对经济过程进行倾向性干预，缩短增长方式转变的时间。从经济实践的历史事实来看，每次经济发展方式的转变中均有政府干预甚至直接主导转变的情况发生。一个很好的例子就是，西方发达经济体在从劳动到资本到技术的经济增长方式转变过程中，对政府在经济建设中的角色定位不断探索，并最终确定了政府平抑宏观经济波动、提供稳定的外部环境等推动经济发展的角色定位。"亚洲四小龙"的政府在充分认识经济发展规律的基础上，借鉴西方国家经济发展的经验和教训，制定倾向性政策、完善政府部门职能，主导并有效推动了经济增长，在短短数十年的时间里，就完成了西方国家近百年的经济增长历程，缩短了经济增长方式转变的时间。

但是在政府调控的过程中，必须尊重规律、严格按照经济规律行使调控职能，过分强调主观意愿或只考虑最终发展目标，通常并不能得到预期的效果，甚至事与愿违。这方面，苏联提供了一个很好的例证。虽然苏联政府很早就认识到经济增长方式的重要性，并明确提出了转变经济增长方式的口号，还作为一项重要工作写入了规划，但由于采取的措施忽视了经济发展的阶段性特点，违背了相关经济规律，直到苏联解体，其经济增长方式仍然没有发生任何实质性的转变。

目前，对于我国是否需要转变经济增长方式，学术界和政府的意见非常统一：中国目前的经济增长方式中要素投入对经济增长的贡献率过高，全要素生产率提高的贡献率过低，在经济社会发展中还出现了资源要素使用效率低、结构性问题突出等问题，这种增长是不可持续的，必须予以改变。学术界在这方面比较有代表性的论述主要有郭金龙（2000）、刘国光等（2001）、吴敬琏（2005）等。中国在1987年党的十三大报告中就明确提出了发展方式转变的目标。但是，从意见的提出至今，虽然学术界从各种角度做了广泛而深入的研究，提出了各种促进转变的具体政策建议，中国政府也制定并实施了多种政策措施和改革，但在经济增长继续保持较快速度的同时，增长方式依然没有发生众所期望的实质性的转变。

笔者认为，这充分说明，经济增长方式的转变是有着客观的经济规律的，能否真正实现转变是由一系列客观的、特定的机制条件、技术条件、资源条件等约束条件共同作用的结果，不是以人们的主观意志为转移的。虽然在这期间，人们可以发挥主观能动性，顺应经济规律，通过创造条件加速转变的过程，但是在某些决定经济增长方式的基础条件未发生根本性变化之前，与之相对应的经济增长方式是不会因为主观意愿而发生改变的。

四 关于经济结构

经济关系本身的错综复杂性和对经济研究角度的多样性，造成了经济结构种类的多样性。大概是因为基本上每种经济结构都能够最终表现为一定的数量关系的缘故，无论是早期的还是现代的经济学者，对经济结构的描述都没有太大差别，均表述为一定的数量比例关系。例如，佩鲁将经济结构简单地概括为各种数量比例关系；石川秀认为经济结构就是总量经济指标组成的相对权重值；马克思、恩格斯（1974）认为经济结构就是各种生产关系的总和，就是"人们在自己生活的社会生产中发生一定的、必然的、不以他们的意志为转移的各种关系"；张曙光认为经济结构不仅是经济的各种比例关系，而且还包括国民经济中各种要素的组织和结合方式，所以他认为，研究经济结构时，在对各种比例关系进行描述的同时，更重要的工作是对各个因素在国民经济中所占地位和所起作用进行分析。

综上所述，经济结构是一个非常广泛的概念，虽然对它的定义表述非常简单，且学者们的认识差别不大，但为了研究方便，学者们还是对经济结构进行了广义和狭义的区分，其中狭义的经济结构专指经济的产业结构，而广义的经济结构范围则要广阔得多，学者们之间的描述也不尽相同。结合本书研究的重点，书中所指的经济结构就是狭义的经济结构，即经济的产业结构，如未说明主要是指产业的产出结构，而要素结构主要是指要素的产业配置结构。

需要说明的是，经济结构只是一定分类条件下各种经济因素数量的组合方式，是一种对经济发展状态的客观表述，本身并没有优劣好坏之分。但是，当有了一定的判定标准之后，就可以对产业结构进行评定。例如，根据结构主义的观点，最优的经济结构是能够充分利用本国比较优势推动经济增长的经济结构。鉴于一个经济体所呈现的经济结构，仅是该经济体经济社会条件综合作用的结果，作为经济社会管理者的政府，能否根据社会的经济技术条件，制定出符合社会发展要求的经济政策，也是影响经济结构形成的重要方面。如果经济政策使经济的某些方面或领域发生了扭曲，导致该经济体的比较优势不能充分发挥，或者各类结构之间并不相互匹配，经济发展效率将受到较大的限制，此时所表现出来的经济结构就不是最优的，而是需要调整的。从这方面来说，经济结构是能够促进或妨碍经济增长的，而且是能够用好坏优劣进行评论的。

第二章 中国投资主导的经济增长

一 投资主导的经济增长的不同内涵

对于中国投资主导的经济增长，有两种不同的解释。一种是根据经济增长理论，从生产要素投入角度，测算劳动、资本和技术等要素对经济增长的贡献，其中资本投入增长对经济增长的贡献超过其他因素，据此认为中国的经济增长是投资主导的经济增长，这种含义下投资主导的经济增长在学界使用的比较多，如蔡昉、刘小玄、吴敬琏、张军、郑超愚等。学者们分析认为，由于经济的快速增长主要是由实物投入的更快增加所推动，这种投资主导的经济增长经常会被与"粗放型"的经济增长相联系，甚至画上等号，在多数情况下这种认识是有道理的。

另一种解释如前文所述，是从国民经济增长核算的角度，将推动经济增长的动力分解为投资、消费和出口，根据国家统计局公布的各因素对经济增长的贡献率比较得出。从中国投资、消费和出口对经济增长贡献的比较中可以发现，从 2002 年开始，中国投资增长对经济增长的贡献率持续超过消费和出口增长的贡献率，据此认为中国的经济增长是投资主导的经济增长。这种含义下的投资主导的经济增长多见于政府的相关文件和众多的媒体报道。这种含义下的投资应该就是国民经济增长核算中资本形成的概念。但在使用中，无论是媒体还是政府又会将其与固定资产投资的概念混为一谈。如果按照这种分类，投资主导的经济增长并不一定是粗放的经济增长，但无论是政府还是媒体通常又借用学者们的分析成果，将其与"粗放型"经济增长混为一谈。如在党的十三大报告中，就明确提出了"适当控制全社会固定资产投资总规模，使之与国力相适应"，"注重效益、提高质量、协调发展、稳定增长的战略"，"就是要从粗放经营为主逐步转上集约经营为主的轨道"。

从实用角度看，笔者认为使用 GDP 核算的分类法中关于投资的概念，更有益于我们对当前中国经济增长方式的全面把握。原因是，一方面，在实际使用中，我们所说的投资主导的经济增长通常是与拉动经济增长的"三驾马车"同时使用，在这里投资是资本形成的概念；另一方面，对于中国当前的经济增长是否应该属于"粗放型"的或者说低效率的经济增长，学者之间还存在一定的争论，使用该概念剔除了与前一种概念下"粗放型"经济增长方式的先入为主的印象，有利于后续研究的展开。

关于"投资"的内涵在前文定义中已经明确是固定资本形成。但如前所述，媒体和政府经常将固定资产投资和固定资本形成相互混用，并在表述投资主导的经济增长时，随意交叉混用。这两种投资虽然名字和内容都比较接近，但无论是从统计口径上还是定义范围上都存在较大的不同。国家统计局（2011）对两种内涵的"投资"分别进行了定义，并分别给出了具体的统计数据。通常所使用的固定资产投资是指全社会固定资产投资，"是以货币形式表现的在一定时期内全社会建造和购置固定资产的工作量以及与此有关的费用的总称"，固定资本形成通常指"常住单位在一定时期内获得的固定资产减处置的固定资产的价值总额"。可见，固定资产投资是一个新增加的概念，而后者则需要扣除折旧等，是一个纯增加的固定资产的概念。鉴于本书是从国民经济核算的需求角度对经济增长进行研究，因此采用固定资本形成的概念。

另外，使用固定资本形成还可以将政府和媒体通常所使用的投资主导的经济增长和学者们所使用的投资主导的经济增长中的"投资"内涵统一起来，便于在下一步对我国经济的特点和效率进行研究时，可以使用学者们的相关研究方法。同时，鉴于学者们与政府和媒体对投资主导的经济增长在理解上存在一定的偏差，在对这种经济增长进行研究之前，有必要对本书从"投资、消费、出口"的国民经济核算角度确定的"投资"内涵下的投资主导的经济增长进行重新确认。

二 投资在推动中国经济增长中的重要作用

从需求方面看，"投资、消费和出口通过对各产业部门间技术经济联系和产业波及效应，对国民经济各产业部门产生直接或间接的作用，进而直接影响整个国民经济增长的速度和质量"（刘瑞翔、安同良，2011），因此，在当前总体供大于求的情况下，需求结构的调整和变化将决定中国经济增长动力的转换和中国经济的发展方向。

（一）投资贡献的统计分析

根据国家统计局公布的数据，中国名义 GDP 从 1978 年到 2012 年增长了 145.8 倍，与此同时，国内最终消费（包括政府和居民消费）支出增长了 115.9 倍，其中居民消费增长了 107.3 倍；资本形成总额增长了 182.4 倍，其中固定资本形成总额增长了 224.1 倍；净出口由 -11.4 亿元增长到 14632.4 亿元（见表 2 - 1）。

表 2 – 1　支出法计算国内生产总值

单位：亿元，%

年份	GDP	最终消费支出	其中：居民消费支出	资本形成总额	其中：固定资本形成总额	净出口总额	消费率	其中：居民消费率	资本形成率	其中：固定资本形成率
1978	3605.6	2239.1	1759.1	1377.9	1073.9	-11.4	62.1	48.8	38.2	29.8
1979	4092.6	2633.7	2011.5	1478.9	1153.1	-20.0	64.4	49.1	36.1	28.2
1980	4592.9	3007.9	2331.2	1599.7	1322.4	-14.7	65.5	50.8	34.8	28.8
1981	5008.8	3361.5	2627.9	1630.2	1339.3	17.1	67.1	52.5	32.5	26.7
1982	5590.0	3714.8	2902.9	1784.2	1503.2	91.0	66.5	51.9	31.9	26.9
1983	6216.2	4126.4	3231.1	2039.0	1723.3	50.8	66.4	52.0	32.8	27.7
1984	7362.7	4846.3	3742.0	2515.1	2147.0	1.3	65.8	50.8	34.2	29.2
1985	9076.7	5986.3	4687.4	3457.5	2672.0	-367.1	66.0	51.6	38.1	29.4
1986	10508.5	6821.8	5302.1	3941.9	3139.7	-255.2	64.9	50.5	37.5	29.9
1987	12277.4	7804.6	6126.1	4462.0	3798.7	10.8	63.6	49.9	36.3	30.6
1988	15388.6	9839.5	7868.1	5700.2	4701.9	-151.1	63.9	51.1	37.0	30.6
1989	17311.3	11164.2	8812.6	6332.7	4419.4	-185.6	64.5	50.9	36.6	25.5
1990	19347.8	12090.5	9450.9	6747.0	4827.8	510.3	62.5	48.8	34.9	25.0
1991	22577.4	14091.9	10730.6	7868.0	6070.3	617.5	62.4	47.5	34.8	26.9
1992	27565.2	17203.3	13000.1	10086.3	8513.7	275.6	62.4	47.2	36.6	30.9
1993	36938.1	21899.9	16412.1	15717.7	13309.2	-679.5	59.3	44.4	42.6	36.0
1994	50217.4	29242.2	21844.2	20341.1	17312.7	634.1	58.2	43.5	40.5	34.5
1995	63216.9	36748.2	28369.7	25470.1	20885.0	998.6	58.1	44.9	40.3	33.0
1996	74163.6	43919.5	33955.9	28784.9	24048.1	1459.2	59.2	45.8	38.8	32.4
1997	81658.5	48140.6	36921.5	29968.0	25965.0	3549.9	59.0	45.2	36.7	31.8
1998	86531.6	51588.2	39229.3	31314.2	28569.0	3629.2	59.6	45.3	36.2	33.0
1999	91125.0	55636.9	41920.4	32951.5	30527.3	2536.6	61.1	46.0	36.2	33.5
2000	98749.0	61516.0	45854.6	34842.8	33844.4	2390.2	62.3	46.4	35.3	34.3
2001	109028.0	66933.9	49435.9	39769.4	37754.5	2324.7	61.4	45.3	36.5	34.6
2002	120475.6	71816.5	53056.6	45565.0	43632.1	3094.1	59.6	44.0	37.8	36.2

年份	GDP	最终消费支出	其中：居民消费支出	资本形成总额	其中：固定资本形成总额	净出口总额	消费率	其中：居民消费率	资本形成率	其中：固定资本形成率
2003	136613.4	77685.5	57649.8	55963.0	53490.7	2964.9	56.9	42.2	41.0	39.2
2004	160956.6	87552.6	65218.5	69168.4	65117.7	4235.6	54.4	40.5	43.0	40.5
2005	187423.0	99357.5	72958.7	77856.8	74232.9	10209.1	53.0	38.9	41.5	39.6
2006	222712.5	113103.8	82575.5	92954.1	87954.1	16654.6	50.8	37.1	41.7	39.5
2007	266599.2	132232.9	96332.5	110943.2	103948.6	23423.1	49.6	36.1	41.6	39.0
2008	315974.6	153422.1	111670.4	138325.3	128084.4	24226.8	48.6	35.3	43.8	40.5
2009	348775.1	169274.8	123584.6	164463.2	156679.8	15037.0	48.5	35.4	47.2	44.9
2010	402816.5	194115.0	140758.6	193603.9	183615.2	15097.6	48.2	34.9	48.1	45.6
2011	472619.2	232111.5	168956.6	228344.3	215682.0	12163.3	49.1	35.7	48.3	45.6
2012	529238.4	261832.8	190423.8	252773.2	241756.8	14632.4	49.5	36.0	47.8	45.7

资料来源：《中国统计年鉴 2013》。

如果仅从数量上看，中国的投资量直到 2005 年才绝对地超过了居民消费，而固定资本形成额从未超过全国的消费总额。似乎投资从未在经济增长中起到绝对主力的作用。因此，中国经济从来不能被称为投资主导的经济增长。而根据上述数据，利用国家统计局公布的计算公式计算的贡献率来看，固定资本形成对经济增长的贡献率在 2001 年第三次超过居民消费对经济增长的贡献率后，才真正开始持续高于后者的贡献率。但除了 1993 年、2002～2004 年和 2008～2010 年外，在改革开放以来的其他年份中，其对经济增长的贡献率未超过全部消费对经济增长的贡献率，而 2008～2010 年的超越主要是临时政策干预所致，具有明显的临时性（见表 2－2）。邓彦（2006）等一些学者在早期直接使用国家统计局数据研究的成果支持了该结论，这似乎与中国从 20 世纪 90 年代初就反复强调的投资主导经济增长存在一定的冲突。

表 2 - 2　需求等对国内生产总值增长的贡献率

单位：%

年份	最终消费支出	其中：居民消费支出	资本形成总额	其中：固定资本形成总额	净出口
1979	81.03	51.83	20.74	16.26	- 1.77
1980	74.80	63.90	24.15	33.84	1.06
1981	85.02	71.34	7.33	4.06	7.65
1982	60.79	47.32	26.50	28.20	12.72
1983	65.73	52.41	40.69	35.15	- 6.42
1984	62.79	44.56	41.53	36.96	- 4.32
1985	66.51	55.16	54.98	30.63	- 21.49
1986	58.35	42.93	33.83	32.67	7.82
1987	55.56	46.58	29.40	37.25	15.04
1988	65.41	55.99	39.80	29.03	- 5.20
1989	68.90	49.12	32.90	- 14.69	- 1.79
1990	45.48	31.34	20.34	20.05	34.17
1991	61.97	39.62	34.71	38.47	3.32
1992	62.38	45.50	44.47	48.99	- 6.85
1993	50.11	36.40	60.08	51.16	- 10.19
1994	55.29	40.91	34.82	30.15	9.89
1995	57.74	50.20	39.46	27.48	2.80
1996	65.51	51.03	30.28	28.90	4.21
1997	56.32	39.57	15.79	25.58	27.89
1998	70.75	47.36	27.63	53.44	1.63
1999	88.14	58.59	35.64	42.63	- 23.79
2000	77.11	51.60	24.81	43.51	- 1.92
2001	52.71	34.84	47.93	38.04	- 0.64
2002	42.65	31.63	50.63	51.34	6.72
2003	36.37	28.46	64.43	61.09	- 0.80
2004	40.53	31.09	54.25	47.76	5.22

年份	最终消费支出	其中：居民消费支出	资本形成总额	其中：固定资本形成总额	净出口
2005	44.60	29.25	32.83	34.44	22.57
2006	38.95	27.25	42.78	38.88	18.26
2007	43.59	31.35	40.99	36.45	15.42
2008	42.92	31.06	55.46	48.88	1.63
2009	48.33	36.32	79.69	87.18	-28.02
2010	45.97	31.78	53.92	49.84	0.11
2011	54.43	40.40	49.77	45.94	-4.20
2012	52.49	37.91	43.15	46.05	4.36

资料来源：根据《中国统计年鉴2013》中相关数据及国家统计局提供的测算公式测算。

（二）投资贡献的相关计量分析

刘遵义（2007）、沈利生（2009）、王春雷和黄素心（2010）等对直接使用统计数据提出了异议，认为国家统计局支出法计算的国内生产总值的"三驾马车"中，消费和投资（资本形成）中均包含了直接进口的产品，导致其对 GDP 拉动作用的高估；而直接从出口中扣除进口，又导致净出口的拉动作用被低估，因而建议使用投入产出表进行重新计算。沈利生等根据国家统计局公布的投入产出表，对消费、投资和出口的具体数值进行了重新评估测算，在此基础上估算了"三驾马车"对经济增长的贡献率。计算结果如表2-3所示。

表2-3 "三驾马车"对经济增长的贡献率

年份	GDP增长率（%）	消费		资本形成		出口	
		贡献率（%）	拉动（百分点）	贡献率（%）	拉动（百分点）	贡献率（%）	拉动（百分点）
2003	8.6	10.7	0.9	51.9	4.5	42.1	3.6

年份	GDP 增长率 （%）	消费		资本形成		出口	
		贡献率 （%）	拉动 （百分点）	贡献率 （%）	拉动 （百分点）	贡献率 （%）	拉动 （百分点）
2004	10.1	19.3	1.9	35.0	3.5	45.7	4.6
2005	10.4	23.3	2.4	29.4	3.1	47.3	4.9
2006	11.1	26.3	2.9	29.6	3.3	44.2	4.9

资料来源：沈利生：《"三驾马车"的拉动作用评估》，《数量经济技术经济研究》2009 年第 4 期。

计算结果显示，2003 年中国的资本形成对经济增长的贡献率超过 50%，随后开始逐步下降，并接近消费的贡献率，而出口对 GDP 的贡献率却始终保持在 40% 以上的水平，从这方面看似乎出口是我国经济增长的主要拉动力量，我国已经成为标准的"出口主导"的经济。

笔者认为，使用投入产出表对数据进行重新调整本身是没有问题的，但是正如李占风、袁知英（2009）提出的那样，上述研究一方面将投资、消费和净出口这些需求作为外生变量处理，另一方面又将产出作为内生变量，忽视了经济系统中变量之间的内在联系，因此，不能反映出投资、消费和净出口与经济增长之间双向的决定关系，也无法正确描述"三驾马车"与经济增长之间的相互影响关系。涂正革和谌仁俊利用 Granger 因果检验发现，投资和出口具有明显的相互促进作用，即扩大投资可以提高货物净出口，净出口的扩大进一步拉动了投资，在这种相互关系中，投资对出口的拉动行为更加明显；但投资和消费的关系比较复杂，一方面扩大投资可以通过扩大产能、生产新事物满足消费需求，从而达到促进消费的目的，另一方面，当经济发展达到平衡时，继续增加投资就会对消费起到"挤出"的作用。辛鸣（2010）对投资和消费关系的研究支持了上述结论。从目前中国投资和消费对 GDP 增长贡献率的变化趋势来看，投资似乎正在"挤出"消费。所以就中国而言，投资对经济增长的推动力量正在增强，而消费对经济增长的拉动作用有减弱的趋势。这种情况对中国是投资主导的经济增长模式提供了一定的支持。

但是，要确认中国是投资主导的经济增长，仅仅通过投资对经济增长的贡献率，或是资本形成率来判断还是过于主观。需要设定一个能够被广泛接受的测量标准进行进一步的分析判断。从现有文献来看，虽然有一些学者对判断投资主导的经济增长给出了一些判定标准，但基本上都是根据研究的需要从供给角度给出的，从投资、消费、出口的需求角度给出判断标准的不多，而且判定的依据和相关指标的测量等都存在较大争议。有鉴于此，要确定中国的经济增长方式，在进行直观的数据分析的同时，笔者将进一步对中国投资率和国际水平进行比较，以此为依据得出中国的经济增长是否为投资主导的经济增长的判断。

三 中国投资率的国际比较

（一）国际的横向比较

根据 2013 年国际统计年鉴，1990 年前后中国的资本形成率已经超越世界上主要经济体，成为资本形成率最高的国家之一。到 2010 年，中国的资本形成率达到了 48.2%，不仅高于 19.9% 的世界平均水平，而且远远高于高收入国家（18.1%）、中等收入国家（29.4%）、中低收入国家（29.3%）、低收入国家（23.2%）的平均水平。虽然资本形成包含了固定资本形成和存货，会使资本形成率与本书所指的固定资本形成率存在一定差别，但存货在资本形成中的占比非常小，因此各国资本形成率的巨大差异应该能够被近似地认为各国的固定资本形成率之间也存在巨大差异。根据世界银行按照购买力平价法计算的人均国内生产总值，到

2011 年底中国的人均 GDP 为 8466 国际元，已经超过了中等收入国家人均 7295 国际元的标准。而 2011 年中等收入国家平均资本形成率是 29.7%，中国的资本形成率超出这个数值近 20 个百分点，经济发展过度依赖投资的特征非常明显（见表 2－4）。

表 2－4　资本形成率的国际比较

单位：%

国家和地区	1990 年	2000 年	2005 年	2009 年	2010 年	2011 年
世界	23.4	22.3	21.8	19.1	19.9	—
高收入国家	22.9	22.0	20.8	17.3	18.1	—
中等收入国家	26.2	23.9	27.0	28.4	29.4	29.7
中等偏下收入国家	24.7	22.2	27.7	28.8	28.5	28.7
中等偏上收入国家	26.6	24.4	26.8	28.3	29.7	29.9
中低收入国家	25.9	23.8	26.8	28.2	29.3	29.5
东亚和太平洋	34.6	31.4	37.4	40.9	41.9	43.1
欧洲和中亚	28.1	19.7	21.7	19.6	22.8	23.9
拉丁美洲和加勒比	19.4	19.9	20.2	20.5	22.1	21.9
中东和北非国家	28.6	24.4	24.8	—	—	—
南亚	24.3	23.6	31.9	33.1	31.8	32.2
撒哈拉以南非洲	17.9	17.1	19.1	20.8	20.5	21.1
低收入国家	17.6	19.0	21.7	23.4	23.2	24.1
最不发达地区	16.3	19.4	23.1	24.1	23.5	24.9
重债穷国	15.5	18.4	21.9	22.5	22.5	23.1
中国大陆	36.1	35.1	42.2	48.2	48.2	48.5
中国香港	27.0	27.5	20.6	21.3	23.7	—
柬埔寨	—	17.5	18.5	21.4	17.4	—
印度	26.0	24.4	34.7	36.6	35.1	35.5
伊朗	37.2	33.0	32.7	—	—	—
以色列	25.1	20.5	18.9	16.7	16.0	14.6
日本	32.5	25.1	22.5	19.7	19.8	—

续表

国家和地区	1990 年	2000 年	2005 年	2009 年	2010 年	2011 年
韩国	37.5	30.6	29.7	26.3	29.1	—
马来西亚	32.4	26.9	20.0	14.5	21.4	—
巴基斯坦	18.9	17.2	19.1	18.2	15.4	13.4
菲律宾	24.2	18.4	21.6	16.6	20.5	15.9
新加坡	35.1	33.2	20.0	23.3	22.1	22.4
斯里兰卡	22.2	28.0	26.8	24.4	27.8	36.5
泰国	41.4	22.8	31.4	21.2	25.9	26.0
越南	12.6	29.6	35.6	38.1	38.9	35.0
埃及	28.8	19.6	18.0	19.2	18.9	19.7
南非	17.7	15.9	18.0	19.5	19.3	19.7
加拿大	20.9	20.2	22.1	20.9	22.2	—
墨西哥	23.1	23.9	23.7	23.4	25.0	25.1
美国	17.7	20.6	19.9	14.1	15.2	—
阿根廷	14.0	16.2	21.5	20.9	22.0	22.6
巴西	20.2	18.3	16.2	17.8	20.2	19.7
委内瑞拉	10.2	24.2	23.0	24.5	20.7	17.0
捷克	23.8	29.9	26.5	24.0	25.1	24.5
法国	21.7	19.9	20.0	19.0	19.3	20.6
德国	23.2	22.3	17.3	16.5	17.3	18.2
意大利	22.6	20.8	20.9	18.9	20.3	19.6
荷兰	23.5	22.0	19.0	18.7	18.7	18.9
波兰	24.3	24.9	19.3	20.4	20.9	—
俄罗斯	30.1	18.7	20.1	18.9	22.7	24.6
西班牙	26.1	26.3	29.5	24.4	23.3	22.1
土耳其	24.6	20.8	20.0	14.9	20.0	21.0
乌克兰	27.5	19.6	22.6	17.1	19.6	18.8
英国	20.2	17.7	17.0	14.2	15.4	14.9
澳大利亚	28.5	26.1	27.2	28.3	28.0	27.5
新西兰	19.8	21.3	24.7	18.9	19.6	—

资料来源：《国际统计年鉴 2013》。

（二）国际的纵向比较

根据罗斯托的经济增长阶段理论，各经济体所处的经济发展阶段不同，经济发展的侧重点也不尽相同，造成不同经济增长阶段经济体的资本形成率存在一定的不可比性。但是，在从传统经济向现代经济的迈进过程中，投资在各个经济体"起飞"阶段都发挥了重要作用，因此，将各主要经济体在经济腾飞阶段资本形成率与中国的同阶段资本形成率进行对比更具说服力。

从主要发达经济体的经济发展历程来看，罗斯托（1962）认为最早出现经济腾飞的国家是英国，大约从 1780 年开始，并持续了较长时间，其次是法国，大概从 1825 年开始，美国从 1842 年开始，德国从 1845 年左右开始。由于数据的不可获得，只能从其他经济学家的研究成果中得到一些信息。根据罗斯托的研究，这些国家经济腾飞的一个共同特点是投资明显加速增长，他认为"把以下事实认为是发动阶段的必要但非充分条件，是有益的。这个事实是，投资净值在国民收入（或国民纯产值）中所占的比例——举例来说——由百分之五增加到百分之十以上"，并举例指出 1783 年的英国、1860 年以前的美国和俄国等国在实现经济腾飞的过程中，投资拉动始终贯穿其中，直到经济进入下一个发展阶段。

从世界银行数据库提供各国各地区 1970 年到 2011 年的经济增长数据来看，英国、美国等发达经济体的固定资本形成率稳定在 20% 左右的水平；日本的固定资本形成率在 1970～1974 年围绕 35% 波动了 5 年后，开始逐步回落到 20% 的水平；韩国的固定资本形成率在 1991 年达到了 38.03% 的最高点，随后逐步回落，2011 年降到了 27.44% 的水平，目前仍处于回落之中；新加坡的固定资本形成率从 1980 年开始迅速提高，并在 1984 年达到了 46.24% 的历史最高点后，迅速回落到 35% 以下水平，并在随后的发展中波动下降至 2011 年的 23.42%，目前似乎仍有继续下降的趋势；中国香港的固定资本形成率在 1981 年达到 32.71% 的最高点后，迅速回落至 30% 以下，目前稳定在 21% 左右；泰国在 1990 年首次达到 40.52% 以后，在高位围绕 40% 波动了 7 年，到 1997 年后迅速回落到 30% 以下的水平；印度的固定资本形成率目前呈现逐步上升的趋势，到 2005 年首次达到 30% 以上，之后便围绕 32% 上下小幅波动（见表 2 - 5）。

表 2 - 5　不同国家和地区的固定资本形成率对比

单位：%

年份	中国大陆	中国香港	法国	德国	印度	日本	韩国	新加坡	泰国	英国	美国
1970	24.36	19.67	23.27	27.43	16.14	35.49	25.46	32.14	26.29	19.33	17.86
1971	24.98	23.63	23.51	28.08	16.92	34.23	22.89	36.20	25.83	19.44	18.36
1972	24.83	22.72	23.65	27.46	17.61	34.10	21.10	37.27	25.15	19.06	19.22
1973	24.55	22.17	24.00	25.99	16.16	36.37	23.98	34.71	24.90	20.44	19.61
1974	26.95	22.78	24.63	23.47	16.60	34.77	26.83	37.54	25.79	21.50	19.02
1975	29.52	21.48	23.21	22.18	18.70	32.44	26.64	34.86	25.33	20.52	17.81
1976	29.54	20.67	22.81	22.01	19.91	31.17	25.35	34.91	25.36	20.28	18.17
1977	28.60	24.22	21.95	22.27	19.80	30.14	28.25	33.06	28.71	19.27	19.50
1978	29.78	26.35	21.52	22.80	20.01	30.39	32.44	34.50	27.96	19.09	20.85
1979	28.18	29.79	21.36	23.65	20.58	31.66	33.58	35.47	28.31	19.32	21.45
1980	28.79	32.24	22.18	24.32	21.34	31.55	31.94	39.45	27.87	18.70	20.42
1981	26.74	32.71	21.53	23.23	21.75	30.56	27.74	42.10	28.09	17.07	20.15
1982	26.89	30.29	20.81	21.92	22.18	29.36	28.11	45.78	27.03	17.06	19.05
1983	27.72	24.70	19.48	22.15	21.28	27.75	29.02	46.13	28.56	16.96	18.73
1984	29.16	22.22	18.71	21.69	21.76	27.35	28.63	46.24	28.70	17.97	19.68
1985	29.44	20.98	18.60	21.21	22.86	27.55	28.22	40.57	27.26	18.02	19.69
1986	29.88	21.49	18.69	21.11	23.40	27.51	27.83	34.83	25.87	17.87	19.39
1987	30.94	23.56	19.23	21.25	23.94	28.37	28.71	31.97	27.73	18.71	18.82

年份	中国大陆	中国香港	法国	德国	印度	日本	韩国	新加坡	泰国	英国	美国
1988	30.55	25.24	20.04	21.49	23.91	29.97	29.17	29.75	30.78	20.48	18.49
1989	25.53	25.75	20.53	22.12	24.85	31.12	31.45	31.24	34.74	21.60	18.18
1990	24.95	26.07	20.72	22.88	25.58	31.96	36.25	31.11	40.52	20.50	17.44
1991	26.89	26.19	20.51	23.27	24.45	31.58	38.03	32.55	40.92	18.00	16.26
1992	30.89	27.03	19.43	23.57	24.86	30.37	36.02	34.32	38.87	16.71	16.16
1993	36.03	26.88	18.06	22.54	23.81	29.20	35.42	33.91	39.14	15.89	16.67
1994	34.48	29.19	17.82	22.61	24.35	28.23	35.47	32.75	40.07	16.12	17.18
1995	33.04	29.97	17.53	21.95	27.04	27.75	36.42	32.57	41.39	16.53	17.68
1996	32.43	30.78	17.33	21.37	25.30	28.14	36.58	37.12	41.72	16.65	18.12
1997	31.80	33.10	16.97	21.08	24.09	27.57	34.63	37.46	34.67	16.61	18.52
1998	33.02	30.07	17.43	21.18	23.86	25.81	29.33	36.61	22.19	17.73	19.14
1999	33.50	25.68	18.31	21.38	24.18	25.49	28.65	33.18	20.45	17.41	19.66
2000	34.27	26.36	18.96	21.50	23.43	25.21	30.04	30.28	21.62	17.13	20.02
2001	34.63	25.63	18.95	20.10	24.24	24.30	28.84	30.13	22.53	16.84	19.35
2002	36.22	22.39	18.28	18.41	24.40	22.88	28.67	25.49	21.95	16.90	18.24
2003	39.15	21.18	18.35	17.81	25.86	22.50	29.31	23.59	23.07	16.44	18.19
2004	40.50	21.29	18.73	17.42	29.98	22.19	29.17	23.10	24.90	16.70	18.80
2005	39.67	20.92	19.40	17.32	31.45	22.34	28.93	21.13	27.82	16.61	19.52
2006	39.58	21.87	20.10	18.10	32.45	22.68	28.71	21.69	26.96	17.03	19.70
2007	39.10	20.14	20.97	18.48	33.99	22.57	28.61	22.93	25.56	17.71	18.96
2008	40.67	19.94	21.35	18.62	33.63	22.44	29.41	27.35	26.58	16.80	17.82
2009	45.24	19.90	19.52	17.29	33.42	20.80	28.86	27.46	23.38	14.89	15.20
2010	45.57	21.27	19.48	17.50	32.50	20.09	28.13	24.18	23.61	14.91	14.44
2011	46.23	21.89	20.13	18.19	32.31	20.69	27.44	23.42	25.08	14.21	14.69

注：数据来源于世界银行数据库，其中对中国大陆的统计数据与国家统计局的数据稍有出入。

　　表2-5说明，各个国家在实现经济"腾飞"的过程中，基本上都经历了投资拉动经济增长形成的固定资本形成率上升的过程。可

能是由于各国在经济增长过程中采取的发展策略不同，固定资本形成率所达到的历史最高水平不尽相同，甚至差别较大，但就投资率的总体发展变化趋势来看，均在达到一定高点后，开始逐步或迅速回落。当进入发达阶段后，固定资本形成率基本稳定在 20% 左右的水平。从具体表现来看，新加坡和中国大陆是目前仅有的两个固定资本形成率达到过 46% 以上的国家。新加坡在达到这一高点后，在第二年就开始迅速回落，到第三年已经回落到 35% 的水平。但从目前发展情况看，中国大陆的固定资本形成率从 2004 年首次到达 40% 之后，继续震荡上行，到 2011 年已经连续 8 年维持在较高水平，从国内的统计局数据来看，这个占比仍然处于上涨过程中，没有回落的迹象。

参考世界其他经济体经济增长的历史，中国当前这种经济增长应当可以被认为是投资主导的经济增长，而且固定资本形成率已经达到了非常高的程度。从持续时间上看，这种增长方式似乎已经走到了尽头。正如前面各国所证实的那样，固定资本形成率不可能无限制提高，总是在到达一定峰值之后便开始快速回落。中国这种不断创出历史新高的经济增长模式到了必须转变的关键时期。邱晓华等（2006）、吴敬琏（2008）、翁媛媛和高汝熹（2011）等的研究也认为，中国当前的经济增长是投资主导的经济增长，并且已经到了必须转型的关键时期，需要转变为消费支持的经济增长。

（三）相关结论

综合上述分析，我们可以得出以下主要结论。

1. 中国投资主导经济增长是经济实现"腾飞"的必经阶段

正如罗斯托的经济增长阶段理论所叙述的那样，经济体在发展进入工业化的初期和中期的经济起飞阶段时，都经历了投资快速增长推动经济增长的阶段，高投入是经济体实现资本快速积累的必然结果也是经济腾飞的要求，否则就无法实现社会生产能力的快速提升和规模的扩张。从这种意义上讲，中国要先从一个贫穷落后的农业国迅速转变为一个现代化的工业化国家，资本的快速积累是一个不可逾越的阶段。因此，中国当前依靠高资本投入拉动的经济增长有一定的合理性。但是，正如前文中对比所发现的那样，投资占比过高会对居民消费产生"挤出"效应，而这与通过发展经济来改善人民生活的经济发展目的又有所违背，所以即使是在投资主导的经济增长状态下，对于投资率也需要进行一定的控制。

2. 投资率提升到一定水平之后将会有一个回调并进行经济转型

从各国的经济发展经验来看，当投资率提高到一定水平之后，积累速度通常会有一个明显的回落，表现为固定资本形成率的快速回落，这个比例一般会逐步稳定在 20% 左右。伴随着固定资本形成率的回落，投资对经济增长的拉动作用逐步减弱。在这一过程中，要继续保持一定的经济增速，就需要提高消费或出口对经济增长的支持作用。伴随着这种经济增长动力的调整，经济增长方式将会相应地发生转型。由于大国经济发展到一定程度后，其在世界经济中的份额较大，很难完全依赖国际市场实现长期经济增长，因而从国际上经济大国的转型经验来看，一般将会实现从投资主导向消费主导转变。所以，根据这个规律，中国的经济迟早都要向消费主导的经济增长转型。

3. 快速的资本积累有助于中国经济实力的迅速提升

虽然中国政府从 20 世纪 90 年代以来就对高投资率，或者说依靠资本投入快速增加推动经济快速增长的方式持否定态度，表面原因是错误地将不同国家、不同发展阶段所需要的不同发展重点混为一谈，将发达经济体当前的经济状态作为经济发展的标准理想状态，对技术进步的作用夸大并否定资本积累的积极作用，但是，深层次原因是对当今社会上出现的一系列的社会问题显示的焦虑，和对这些问题加快解决的渴望，并认为到了发达国家的状态时，这些问题就能够瞬间消失，但是，忽视了发展中国家与发达国家在经济实力上的最根本差距在于生产能力的差别，而这种生产能力差距的最明显的表现就是资产存量的差距；正如前面所看到的那样，几乎每一个发达国家在成为实力雄厚的大国之前，都经历了一个资本高速积累的过程。发达国家雄厚的资本实力也就是在这个过程中奠定的。钱纳里（Chenery，1962）研究认为，在经济快速增长的初期，通常情况下，资本投入增加对经济增长的贡献率可达 48% ~58%。

据美国经济局（Bureau of Economic Analysis）公布的数据，2010 年美国的固定资本存量达到了 45 万亿美元，除以当时的美国人口总数 3.08 亿，人均资本存量为 14.6 万美元。虽然中国从未进行过全面的固定资本存量的统计，而且学者们在对资本存量的估计无论是在方法上，还是在结果上也都存在较大不同。但是，按照世界各主要经济体的统计规律，通常资本存量与 GDP 总量之间的比例应在 2∶1 和 4∶1 之间。据此测算，2010 年，中国按现价计算的资本存量应在 80 万亿 ~160 万亿元，除以总人口得出人均资本存量应在 5.98 万 ~11.97 万元。按 2010 年 6.65 元人民币兑 1 美元的平均汇率，即使按上限计算，美国 2010 年的人均资本存量也仍为中国的 8.1 倍。从这方面讲，中国的资本形成并没有我们通常所认为的那样达到了某种极限。要赶上发达国家，中国还需一个资本持续积累的过程。从这方面来看，似乎中国较高的固定资本形成率应该还能够持续一定的时间。林毅夫等（2007）甚至乐观地估计中国还有 20 ~30 年的高速增长期。但是资本持续的积累并不只是发生在资本形成的高速增长阶段，在投资率达到某一峰值并逐步回落到某一水平后，资本积累仍然能够继续，而过高的投资率对消费本身可能产生"挤出"效应，所以，对于中国当前高投资率的担忧也是有一定道理的。

综上，已经证实当前中国所经历的是投资主导的经济增长，这种方式并不是中国所独有的，而是一个普遍存在的经济现象。但是，中国投资率过高、持续时间过长确实比较独特，一些学者和政府官员从投资增长的有限性出发，认为必须转变经济增长方式。当前这种经济增长方式继续存在和立即转型的证据似乎都非常充分。因此，有必要对这种经济增长方式下的经济状况进行研究。

第三章 投资主导的经济增长方式
下的产业结构

如前文所述，学者们研究发现，经济总量的增长总是与经济结构的变动相伴随。钱纳里等（1989）指出，对于发展中国家而言，其经济增长的过程也可以被看作一个经济结构全面转变的过程，经济结构的变革实际上已经包括了所有的经济函数的改变。塞尔奎因进一步指出，经济结构的转变是经济增长过程的核心特征，并认为结构转变的速度太慢或者方向的无效率都将会阻碍经济的增长。Broadberry（1998）对于美国、德国和英国 1870～1990 年经济增长的实证研究认为，英国被美国和德国赶超的主要原因就在于后者及时进行了经济结构的调整转型。所以，对经济增长的研究，首先从经济结构开始是一个非常好的切入点，结合学者们的研究成果和本书研究的目的，本书的经济结构是指经济的产业结构。

一 经济增长过程中经济结构变动的
一般规律

学者们的研究发现，经济增长与结构转变之间存在着内在的联系，不同的经济发展阶段表现出不同的结构特征。这种结构特点主要从产出的产业结构和要素投入的产业结构表现出来。其中，库兹涅茨、罗斯托、钱纳里对经济增长过程中产业结构变动的规律的研究最具代表性。

（一）产业结构变动的一般规律

产业结构是指经济体中各产业之间的联系和比例关系。经济结构的变动主要包括两个方面的内容：一方面，在国民经济发展的过程中，对经济发展起主导作用或处于支柱地位的产业部门不断地被替代；另一方面，产业间投入与产出比例关系的变动。鉴于经济结构与经济发展之间的密切联系，关于结构变动的规律也是学者们关注的一个重点，形成了一系列的成果。

1. 配第—克拉克定律

威廉·配第1691年在《政治算术》中指出，"工业往往比农业、商业往往比工业的利润多得多"，并认为"这种产业之间相对收入的差异是造成劳动力在产业间流动的主要原因"。科林·克拉克对配第的相关理论进行了验证。根据费希尔的三次产业分类，克拉克对40多个国家不同时期就业的三次产业结构变动趋势进行了深入分析，在《经济进步的诸条件》（1940）中指出，"随着全社会人均国民收入水平的提高，劳动力在三次产业之间的分布状况也相应发生规律性的变化"，"劳动力首先从第一产业向第二产业转移，当人均国民收入水平进一步提高时，劳动力便向第三产业转移"。这就是配第—克拉克定律。该定律揭示了随着经济的发展，劳动力在三次产业中转移的一般规律。随后，众多经济学者对这一定律进行了验证，并从理论上进行了补充和完善。另外，配第还揭示了一个经济结构变化的普遍规律，即随着经济的发展，产业结构将不断地调整，其中：第一产业在国民经济中的比重不断下降，相应地，第二产业和第三产业的比重将不断上升。

2. 钱纳里规律

钱纳里借助多国模型对二战后的多个国家经济发展进行了研究，

按照不同的人均收入水平，将一国或地区从不发达经济到成熟工业经济的整体发展过程划分为 6 个时期，即不发达经济阶段、工业化初期阶段、工业化中期阶段、工业化后期阶段、后工业化社会和现代化社会。可以看出钱纳里的第 2 ~ 5 个时期为工业化时期。所以，钱纳里以 1964 年美元衡量的人均收入水平表示的四个工业化阶段为：工业化初期阶段人均 GDP 在 200 ~ 400 美元，工业化中期阶段人均 GDP 在 400 ~ 800 美元，工业化的后期阶段人均 GDP 在 800 ~ 1500 美元，后工业化社会阶段人均 GDP 在 1500 ~ 2400 美元。钱纳里指出，从每一个低的阶段向更高阶段的升级都将伴随着产业结构的较大调整，所以，产业结构的变化伴随着工业化的演进。钱纳里关于经济增长阶段的划分比配第更加清晰，能够很清楚地反映出随着经济发展阶段的提升，产业结构逐步升级的过程。同时，钱纳里所划分的各个经济发展阶段中，产业结构的发展变化也更符合各国的实际情况，所以，钱纳里的工业化阶段划分理论作为工业化发展的一般模式，被学术界所广泛认可，认为该理论对世界各国，尤其是对众多的发展中国家的工业化建设具有非常重要指导和借鉴意义。

3. 库兹涅茨法则

库兹涅茨（1999）在配第和克拉克研究的基础上，从劳动力结构和部门的产出结构方面，对人均产出的增长与经济结构变动的关系进行了深入的研究。在《各国的经济增长》中，库兹涅茨指出，随着经济的增长"第一产业部门的份额显著下降，从初始的 40% 以上，下降到近年来的 10% 以下；第二产业部门的份额显著上升，从最初的 22% ~ 25% 上升到近年来的 40% ~ 50%；第三产业部门的份额也有所上升"，"在整个工业化进程中工业在国民经济中的比重将经历一个由上升到下降的倒 U 型变化"。并进一步指出"工业技术高度的和加速的变动率是现代时期人均产值和生产率的高增长的主要源泉，并且也是引起生产结构惊人改变的主要因素"。也就是说，库兹涅茨认为，经济增长过程中出现的各产业部门国民收入的相对差异，是引起产业结构变化的主要原因。这里所谓产业的相对国民收入就是指某产业部门国民收入在全部国民收入中的比重与该部门劳动力在全部劳动力中的比重之比。库兹涅茨认为，人均产出的增长率越高，则劳动者的收入越高，作为消费者的需求结构的改变也就越大，而需求结构的改变必然带动生产结构的改变，这种改变的程度是正相关的。随后，部分学者利用库兹涅茨的分析方法对当时世界主要国家产业结构的变化情况进行了研究，得出了一些不完全相同的结果。但是，这些不同主要集中在三次产业具体的总量占比上，单就产业结构的变化趋势来看，反而是对库兹涅茨法则形成了验证。

4. 霍夫曼经验定理

霍夫曼在《工业化的阶段和类型》（1931）和随后的《工业经济的成长》（1958）中，根据对当时英国等世界主要经济体工业化实践资料的分析，阐述了工业部门结构变动的一般规律，提出了工业化过程中产业结构变化的一般规律，被称为"工业化经验法则"。霍夫曼认为，工业化过程中生产要素的相对数量、国内外市场的资源配置、技术进步、劳动者技能等因素，造成各工业部门增长率的不同，从而形成了工业部门间特定的、具有一般倾向性的结构变化，这个变化表现为：随着一国或经济体工业化水平的提高，化工、机械、汽车等资本品工业迅速发展，并逐渐取代了食品、皮革、布匹等消费品工业成为经济增长中的主导。在具体的演化顺序上，霍夫曼依据自己所发明的霍夫曼系数（消费品工业净产值/资本品工业净产值）将整个过程划分为四个阶段，即消费品工业占主要地位阶段（5±1）、资本品工业快速增长达到消费品工业净产值的50%左右阶段（2.5±0.5）、资本品工业继续快速增长达到和消费品工业相平衡状态（1±0.5）、资本品工业占主要地位阶段（1以下）。霍夫曼同时认为，经济体直到第四阶段才真正实现了工业化。该法则揭示了工业化过程中工业由轻到重的结构演变的一般规律，但从时间上看，仅是重工业化阶段，并不能反映整个工业化过程。

5. 刘易斯的二元结构理论

刘易斯在《劳动力无限供给条件下的经济发展》（1954）和《对无限劳动力的反思》（1972）中描绘了经济结构由二元向一元转变的过程。刘易斯指出，发展中国家经济中普遍同时存在着劳动生产率非常低、劳动者的收入仅能维持基本生活的传统农业部门和劳动生产率较高、劳动工资率较高的城市工业部门。在传统农业部门中有着大量"过剩劳动力"，这些劳动力的边际生产率为零或为负数。另外，在工业部门中，劳动者处于充分就业状态，其工资水平显著高于农业部门的劳动收入，因此吸引着劳动力从农业部门向工业部门转移。当农业部门中过剩劳动力全部被工业部门吸收，劳动力将会由剩余转变为短缺，此时"刘易斯第一拐点"到来。在二元经济发展到劳动力短缺阶段后，随着农业劳动生产率的不断提高，农村劳动力进一步得到释放，而工业部门发展速度超过人口增速，导致部门工资继续上升。当农业部门与工业部门劳动的边际产品相等时，两部门的工资水平大体相当，城乡一体化的劳动力市场形成了，经济发展结束了二元状态，转化为一元经济状态，此时即"刘易斯第二拐点"。在这一过程中，"人口红利"在推动经济增长过程中起到了非常重要的作用。即在产业结构变化的同时，劳动力配置结构实现了优化。

6. 罗斯托的经济增长阶段理论

罗斯托的理论揭示了经济增长过程中产业更替的规律。如前文中所述，罗斯托认为任何国家的经济社会发展都会经历一个由低级到高级的过程，在经济增长的不同时期，都存在不同的起主导作用的产业。随着经济的发展，一旦进入下一个发展阶段，就会出现主导产业更替的情况。罗斯托认为，虽然各国由于独特的要素禀赋等原因，同一阶段各自具体的主导产业并不完全相同，但通常低级主导产业与高级主导产业之间的序列是不能任意变更的。所以，在不同的经济发展阶段，经济体往往会表现出不同的结构特点。之所以不会出现高级发展阶段的主导产业成为低级发展阶段的主导产业，主要是由于不同经济发展阶段所面临的经济发展任务是不同的。同时，罗斯托指出，随着社会生产力的发展，单个主导产业无法完成带动整个经济社会发展的任务，而是需要由几个主导产业共同起作用。据此，罗斯托认定传统社会阶段的主导产业是农业，"起飞"阶段的主导产业是纺织工业等劳动密集型产业，成熟阶段的主导产业是钢铁、化工、机械等资本密集型产业，高额消费阶段的主导产业是汽车等耐用消费品产业。

另外，李斯特（1961）、弗里德曼（Friedman，1966）等也根据经济增长的规律总结出了不同经济增长阶段下的产业变化规律。

综上所述，经济增长总是伴随着产业结构变化。产业结构变化已经成为现代经济增长的重要内容和重要的外在表现。总体上看，结构变化遵循着一、二、三产业为主的顺序，随着经济发展，产业结构逐步升级。在经济"起飞"阶段，工业是推动经济增长的重要力量。在各国工业化的过程中，工业结构也呈现从劳动密集型产业为主，到资本密集型产业为主，再到技术密集型产业为主的演进过程。在此过程中，劳动力、资本等要素在利益的驱动下，通过跨产业流动，不断地进行着调整，实现了要素配置的合理化，也成为推动经济增长的重要因素。

（二）对结构转变的解释

通常认为，造成经济总量与经济结构同时变动的原因主要有两个。一是消费结构变动带动产业结构变动。根据恩格尔定律所揭示的规律，经济增长将带动人均国民收入水平的提升，收入的提高推动人们消费结构升级，在市场需求的带动作用下，社会提供的产品和服务结构也相应提升，表现为产业结构的整体升级。二是经济增长的不均衡。经济增长过程中，产业发展的不均衡，导致对各类资源需求增长的速度并不相同，引起生产要素供给相对量发生变化，一些资源变得更加昂贵，另一些变得相对丰富。这些变化引起生产产品的成本结构变化，使原有结构关系出现失衡，需要进行适时调整和改变，否则将会影响经济增长。所以，经济结构的调整和优化是实现可持续增长的重要路径。同时，不同部门技术进步速度的差异也会引起相对成本的变动，在市场机制的作用下，这也将导致资源的重新配置，推动产业结构做出适应性的调整。

帕西内蒂指出"由于不同部门之间的生产率增长速度和需求扩张程度是可以不同的，例如需求的扩张比技术进步速度慢，所以经济系统的构成既根据产量又依据就业，不断变化。这种变化是保证经济不断增长的条件，即使当个别部门损失了就业和生产能力时，只要这些部门的劳动生产力转移到有相当高的就业增长率的部门，并重新分配消费者收入，整个经济系统仍然能随着劳动和资本的充分利用而增长"（周振华，1991）。罗斯托（1988）认为，在经济增长过程中"当旧的主导部门减退时，新的主导部门便会诞生。因此，增长的完整序列就不再仅仅是总量的运动了；它成了一连串的部门中高潮继起并依次关联于主导部门的序列，而这也标志着现代经济史的历程"。可见，经济增长总是不平衡的，随着不同经济部门的轮动，经济总量实现了持续上涨，经济结构的持续变动成为经济增长的一个重要部分。

综上所述，经济增长总是伴随着结构转变。经济增长越快，人均国内生产总值增长越快，需求变化也就越快，同时产业发展所面临的要素供给变化也越快，这样必然导致各生产部门产出的加快调整，从而表现出要素结构、产出结构等经济结构的快速变化。在此过程中，相关要素结构或产出结构的优化，因为满足了对要素或产出需求的变化要求，将促进经济的有效增长。反之亦然。因此，经济实现快速增长的过程，同时也是经济增长与经济结构相互促进、相互影响的过程，这种相互作用形成了一个经济体内的良性循环。所以，经济增长质量很大程度上取决于经济结构，经济结构的状况不仅能够反映经济增长的模式，而且经济结构的调整和改善能够推动经济增长模式转变。根据上述分析，本书中主要使用产业结构表示经济结构，从产业的产出结构和投入结构对中国的经济结构进行分析，通过历史回顾找出中国经济结构变化的一般规律，通过与世界主要经济体经济结构的对比分析发现中国经济结构的特点。

二 中国三次产业的产出结构

在对产出结构的描述中，本节同时采用了不变价格占比表示的产业结构和按当年价格占比表示的产业结构两组数据。其中，不变价格是以 1978 年为基期。同时使用两种口径的数据对经济结构进行描述，是因为不变价格计算的产出结构变化能比较充分地体现经济各部门产出量的相对变化趋势；而使用当年价格对经济结构进行描述，主要是希望通过与不变价格表示的经济结构的对比，反映经济各部门之间因供求关系变化导致价格变化对产出的影响。

（一）产出结构的统计对比

按当年价格计算的三次产业 GDP 占比在统计年鉴中直接给出，而以 1978 年不变价格表示的三次产业结构国家并没有直接给出。在

《中国统计年鉴2013》中分别提供了1978~1980年、1980~1990年、1990~2000年、2000~2005年、2005~2010年、2010~2011年六个阶段，分别按照1970年、1980年、1990年、2000年、2005年和2010年不变价格计算的三次产业产值，可以换算为同一年份。根据需要，本节将相关数据全部换算为以1978年为基期的产出，并得到三产占比情况（见表3-1）。

表3-1　不变价格和可变价格的产业增加值占比

单位：%

年份	不变价格占比（1978年）			可变价格占比		
	1	2	3	1	2	3
1978	28.19	47.88	23.94	28.19	47.88	23.94
1979	27.82	48.17	24.01	31.27	47.10	21.63
1980	25.48	50.86	23.66	30.17	48.22	21.60
1981	25.91	49.25	24.83	31.88	46.11	22.01
1982	26.53	47.72	25.75	33.39	44.77	21.85
1983	25.87	47.42	26.70	33.18	44.38	22.44
1984	25.32	47.06	27.63	32.13	43.09	24.78
1985	22.57	48.85	28.58	28.44	42.89	28.67
1986	21.36	49.31	29.33	27.14	43.72	29.14
1987	19.98	50.07	29.95	26.81	43.55	29.64
1988	18.33	51.33	30.34	25.70	43.79	30.51
1989	18.15	51.15	30.70	25.11	42.83	32.06
1990	18.79	50.90	30.30	27.12	41.34	31.54
1991	17.46	52.60	29.94	24.53	41.79	33.69
1992	15.81	55.09	29.11	21.79	43.45	34.76
1993	14.36	57.30	28.34	19.71	46.57	33.72
1994	13.07	59.37	27.56	19.86	46.57	33.57
1995	12.30	60.58	27.12	19.96	47.18	32.86
1996	11.70	61.45	26.85	19.69	47.54	32.77

续表

年份	不变价格占比（1978 年）			可变价格占比		
	1	2	3	1	2	3
1997	11.03	61.87	27.09	18.29	47.54	34.17
1998	10.56	62.30	27.15	17.56	46.21	36.23
1999	10.06	62.43	27.51	16.47	45.76	37.77
2000	9.47	62.79	27.74	15.06	45.92	39.02
2001	8.98	62.81	28.22	14.39	45.15	40.46
2002	8.44	63.07	28.49	13.74	44.79	41.47
2003	7.80	64.07	28.13	12.80	45.97	41.23
2004	7.51	64.46	28.03	13.39	46.23	40.38
2005	7.08	64.73	28.19	12.12	47.37	40.51
2006	6.58	64.95	28.47	11.11	47.95	40.94
2007	5.96	65.22	28.82	10.77	47.34	41.89
2008	5.72	65.29	28.99	10.73	47.45	41.82
2009	5.44	65.56	29.00	10.33	46.24	43.43
2010	5.11	66.24	28.65	10.10	46.67	43.24
2011	4.85	66.58	28.57	10.04	46.59	43.37

注：1、2、3 分别代表第一产业、第二产业、第三产业。

资料来源：《中国统计年鉴 2013》，不变价格表示的 GDP 国家仅给到 2011 年，为方便对比，这里将时间统一到 2011 年。

表 3-1 显示，在按当年价计算的产业结构中，第一产业 GDP 占比经历了一个先短暂上升后大幅连续下降的过程，从 1982 年最高点的 33.39% 下降到 2011 年的 10.04%；第二产业占比虽然在 40%~50% 区间波动较大，但从整个产业发展趋势来看，并没有表现出明显的上升或下降趋势；第三产业占比经历了 1978~1980 年的小幅下降之后，从 1982 年开始表现出明显的波动上升趋势，从 21.85% 上升到 2011 年的 43.37%。这种第三产业快速发展、GDP 占比持续上升，而第二产业增加值占比没有明显的上升趋势的产业结构变化情况似乎与我国一直以来大力发展工业尤其是重

化工业的指导方针相违背。

但是，从不变价格表示的产业结构变化情况来看，与按当年价格表示的产业结构变化情况有着明显的不同。第一产业增加值占比连续下降，并没有表现出小幅回升后再下降的情况，而且相对于当年价格表示的占比，不变价格表示的占比下降的幅度更大。从 1978 年 28.19% 的最高点下降到 2011 年的 4.85%，下降了 23.34 个百分点；第二产业占比在经历了 1978～1984 年的小幅波动后，从 1984 年开始表现出明显的上升趋势，从 47.06% 的最低点上升到 2011 年的 66.58%，上升了 19.52 个百分点；第三产业增加值占比则在经历了 1978～1996 年相对较大幅度的波动后，占比基本稳定在 28% 左右。这种变化趋势比较准确地反映了中国以工业发展为重点、农业和服务业发展相对滞后的经济发展现状。

对比两个序列的数据发现，两种经济结构变动趋势表现出明显的差异。剔除了价格因素的产业结构变化，更真实地反映了我国经济发展的战略。这种差别表面上看主要是由于各产业价格水平的相对变化引起的，但实质上正如早期的经济学者所研究的那样，是因生产率提升的速度不同和需求结构变化等因素导致的。具体来说，国家高度重视第二产业发展，制定了一系列的工业发展扶持政策，列出了专项扶持资金，直接或间接推动工业生产规模迅速扩张，供给迅速增加，导致供给出现了全面过剩，在一些领域出现了比较严重的供给过剩。过剩意味着更加激烈的市场竞争，对工业品的市场价格上升形成较大压力，造成其价格上涨缓慢甚至出现绝对的下降。最明显的是电子产品，从刚面市时的千元以上有可能会在短短几年时间内下降到百元以下。同时，农业和服务业，尤其是服务业由于国家的重视不够，发展缓慢，供给相对不足，导致货币价格上涨幅度较大，其价格的上升速度一定程度上弥补或超过了该领域真实供给的相对下降，从而表现为即期货币表示的总量占比的提高或相对缓慢下降。对于当前第一、三产业发展滞后于第二产业的情况，我国无论是政府还是学者意见基本统一。中国政府从 20 世纪 90 年代开始，在政府工作报告中明确阐述服务业作为薄弱环节，必须大力推动发展，促进产业协调发展。李京文（1998）、郭克莎（1999）、纪玉山等（2006）、张爱民和易醇（2011）、李鑫等（2012）等学者还对产业发展不协调情况进行了论述，郑若谷等（2011）研究认为当前这种不协调的产业结构是影响中国经济发展稳定的重要原因。

（二）产出结构的国际比较

根据世界银行公布的统计数据，2012 年我国人均 GDP 为 6091 美元，略高于中等收入国家的平均值，结果与用购买力平价得出的排位相似。根据 2013 年《国际统计年鉴》，与世界平均 GDP 结构占比相比，2011 年中国第一产业占比明显高于 2.8% 的世界平均水平，与中等收入国家 9.7% 的平均水平非常接近；第二产业占比高于世界平均水平，其中工业占比高于世界平均水平 20.3 个百分点，也高于中等收入国家平均水平 11.9 个百分点，与中低收入国家中的东亚及太平洋国家平均占比接近，但高于中低收入国家平均水平 12.2 个百分点；第三产业占比明显偏低，不但低于 2010 年世界平均水平 27.9 个百分点，低于中等收入国家平均水平 12.3 个百分点，甚至低于低收入国家 2010 年平均水平 6.7 个百分点，仅与中低收入国家中东亚和太平洋国家平均水平相近。

这种产出结构与中国人均 GDP 所表现出来的在世界中发展水平极不匹配，一定程度上说明当前一味强调工业发展是有问题的。如果考虑到前文提到的中国因价格上涨等因素造成的对三产实际产出结构的扭曲，工业占比将进一步提高，中国产业发展不平衡的问题将更加突出。

（三）三次产业对经济增长的贡献

在中国投资主导的经济发展模式下，以工业为重点的发展战略通常会造成以工业为主的第二产业对经济增长较高的贡献率。根据国家统计局公布的计算产业贡献率和经济增长拉动作用的公式，按照 1978 年为基期的不变价格计算的各行业增加值测算，三产及工业对经济增长的贡献如表 3 - 2 所示。

表 3 - 2 三次产业对经济增长的贡献及拉动作用

单位：%

年份	增速	贡献率				拉动作用			
		1	2	其中：工业	3	1	2	其中：工业	3
1979	7.01	22.95	52.09	50.65	24.96	1.61	3.65	3.55	1.75
1980	7.03	-5.45	86.42	74.54	19.04	-0.38	6.08	5.24	1.34
1981	4.94	34.26	18.27	15.63	47.47	1.69	0.90	0.77	2.34
1982	8.21	33.39	30.61	29.10	36.01	2.74	2.51	2.39	2.96
1983	9.96	19.97	44.71	38.50	35.32	1.99	4.45	3.83	3.52
1984	13.32	21.69	44.69	41.83	33.62	2.89	5.95	5.57	4.48
1985	12.45	3.28	61.44	55.16	35.28	0.41	7.65	6.87	4.39
1986	8.41	8.16	54.36	46.82	37.48	0.69	4.57	3.94	3.15
1987	10.69	8.40	56.43	49.55	35.18	0.90	6.03	5.30	3.76
1988	10.49	4.34	62.03	58.94	33.63	0.45	6.51	6.18	3.53
1989	3.96	13.67	46.90	57.27	39.43	0.54	1.86	2.27	1.56
1990	3.54	36.26	44.20	43.07	19.54	1.28	1.56	1.52	0.69
1991	9.25	4.42	69.19	66.36	26.38	0.41	6.40	6.14	2.44
1992	13.55	5.24	70.99	65.89	23.77	0.71	9.62	8.93	3.22
1993	13.22	4.88	71.84	67.39	23.28	0.64	9.50	8.91	3.08
1994	12.46	4.04	73.89	70.74	22.07	0.50	9.21	8.82	2.75
1995	10.40	5.63	71.00	67.09	23.37	0.59	7.38	6.97	2.43
1996	9.52	5.97	69.73	67.35	24.31	0.57	6.64	6.41	2.31
1997	8.86	4.21	66.20	67.11	29.59	0.37	5.87	5.95	2.62
1998	7.55	4.73	67.50	63.75	27.77	0.36	5.10	4.81	2.10
1999	7.32	3.74	64.18	63.52	32.07	0.27	4.70	4.65	2.35
2000	8.10	2.74	66.82	65.80	30.44	0.22	5.41	5.33	2.46

续表

年份	增速	贡献率				拉动作用			
		1	2	其中：工业	3	1	2	其中：工业	3
2001	7.76	3.15	63.02	61.61	33.83	0.24	4.89	4.78	2.62
2002	8.58	2.78	65.81	63.68	31.41	0.24	5.64	5.46	2.69
2003	9.84	1.93	73.25	70.40	24.82	0.19	7.21	6.92	2.44
2004	9.45	4.71	68.20	67.51	27.10	0.45	6.45	6.38	2.56
2005	10.40	3.38	67.09	61.65	29.53	0.35	6.98	6.41	3.07
2006	11.51	2.72	66.64	61.18	30.64	0.31	7.67	7.04	3.53
2007	12.73	1.69	67.10	63.12	31.21	0.22	8.54	8.03	3.97
2008	8.89	3.28	66.00	62.99	30.71	0.29	5.87	5.60	2.73
2009	8.68	2.52	68.31	56.98	29.17	0.22	5.93	4.94	2.53
2010	9.98	2.10	72.40	66.97	25.50	0.21	7.23	6.69	2.55
2011	8.87	2.23	70.03	66.27	27.73	0.20	6.21	5.87	2.46

注：1、2、3分别表示第一、二、三产业，不变价格计算产业对经济增长贡献率的计算公式为：（某产业部门增加值增量/国内生产总值增量）×100%。

资料来源：《中国统计年鉴2013》。

对各产业经济增长贡献率的变化历史考察发现，以1982年为分界点，在此之前，三次产业对经济增长的贡献率相互交织，1982年三次产业对经济增长的贡献率大体相同，随后开始出现了明显的分化趋势，并在1982~1990年经历了较大的波动后，各产业贡献率分别达到了一定的均衡状态。其中：第一产业的贡献率迅速下降，在1991年以后，对经济增长的贡献率稳定在6%以下；第二产业在工业快速发展的带动下，贡献率迅速上升，1991年以后，贡献率稳定在70%左右，在上下5个百分点内波动；第三产业对经济增长的贡献率在1989年达到39.43%的最高点之后，迅速回落至20%~30%保持稳定。

1989~1991年出现异常波动，可能是当时的政治因素影响了经济，导致经济增速突然下降。随着1991年以后各项改革政策的落实和国家宏观调控的恢复，经济增长恢复到稳定状态。与三次产业对经济增长的贡献率波动相对应的是其对经济增长的拉动作用也是在 1991 年以后，按照二、三、一的排序达到了一个相对稳定的状态。

总体看，我国经济结构中第二产业占比过高，第一、三产业发展相对不足，对经济增长的贡献较低，尤其是第三产业发展严重不足，其经济占比在世界范围内几乎是最低的，经济发展过于依赖工业发展，这可能与中国当前所处的经济发展阶段有一定关系，但与政府过于强调工业发展也应该存在较大的联系。结合前文中三次产业结构占比的国际比较中发现的产出结构与人均 GDP 所表现出来的在世界中发展水平极不匹配的问题，考虑到中国正处于工业化阶段，有必要对工业发展所形成的内部结构做进一步的分析。

三 中国的工业结构

鉴于我们考察时期内，国家对国民经济行业分类标准和相关统计口径都进行了多次调整，造成工业行业及相关数据的前后不匹配和不连续，在对改革开放以来的结构变化情况进行分析前，首先要根据研究需要和现有条件，对行业划分和一些数据进行必要的修正和调整。

（一）相关统计指标及数据的说明

中国国民经济行业分类标准最早发布于 1984 年，随后分别在 1994 年、2002 年、2011 年进行了三次修订，对国民经济行业的门类、大类、中类和小类中的部分内容进行了更名、调整和修改。在此过程中，国家统计局对于纳入统计的具体范围也进行了多次调整。例如，在 1997 年以前，工业的统计范围包含了乡及乡以上的工业企业，在 1998 年以后统计范围缩小到规模以上工业企业。
而对规模以上的认定标准，国家统计局也进行了调整，从年主营
业务收入 500 万元及以上提高到 2011 年以后的 2000 万元及以上。
这些统计分类及统计口径的前后不一致，增加了对工业行业发展
变化进行跨期研究的难度。为了克服这些困难，学者们根据研究
需要，采取了不同策略。有些学者尝试对相关数据进行修补，例
如黄勇峰等（2002）、陈诗一（2011）等；而有些学者则采取了妥
协，将研究样本选取在某一具有一致分类标准和统计口径的时期
之内，如李小平等（2008）、涂正革（2008）等。考虑到本书研究
的内容，需要对工业行业及相关数据进行调整。

1. 工业行业分类

当前所使用的《国民经济行业分类标准》（GB/T 4754—2011）
是国家统计局 2011 年公布的，并于 2012 年开始使用。考虑到该行
业划分标准使用时间较短，而且根据国家统计局公布的《国民经
济行业分类新旧类目对照表》，2011 年的行业调整与 2002 年行业
变动不是太大，而 2002 年的行业标准与其之前执行的统计标准能
够更好地衔接。在工业行业划分上，以 2002 年的《国民经济行业
分类标准》（GB/T 4754—2002）中工业的行业门类划分为基础，
并结合之前和之后国家对行业分类调整的情况对行业进行调整。

2002 年版本的行业分类中工业被划分为 3 个大类、39 个中类
和 191 个小类。使用 3 个行业大类进行结构分析显然无法满足本书
对工业内部结构变化研究的需要，而如果使用 191 个小类分析，一
方面国家统计局没有公布相关数据，同时行业过细过小也不能清
晰反映出工业结构的变化特点，故本节所构造的工业行业主要是
以这 39 个行业中类为基础，并根据具体情况进行调整。具体如下：
"其他采矿业"本身内容不清、数值非常小，对工业结构影响不
大，且 1998 ~ 2002 年存在数据缺失的情况，本节中将该行业分类

做删除处理；将"农副食品加工业""食品制造业""饮料制造业""烟草制品业""饲料工业"合并为"食品工业"；2002年新设立的"工艺品及其他制造业""废弃资源和废旧材料回收加工业"以及之前的"工艺美术品制造业""其他制造业"因数据缺失较多，且不属于工业的主要行业这里做删除处理。因此，调整后本节实际统计的行业有33个，具体如表3-3所示。

表3-3 工业行业分类情况

序号	工业行业	序号	工业行业
1	煤炭开采和洗选业	18	化学纤维制造业
2	石油和天然气开采业	19	橡胶制品业
3	黑色金属矿采选业	20	塑料制品业
4	有色金属矿采选业	21	非金属矿物制品业
5	非金属矿采选业	22	黑色金属冶炼及压延加工业
6	食品工业	23	有色金属冶炼及压延加工业
7	纺织业	24	金属制品业
8	纺织服装、鞋、帽制造业	25	通用设备制造业
9	皮革、毛皮、羽毛（绒）及其制品业	26	专用设备制造业
10	木材加工及木、竹、藤、棕、草制品业	27	交通运输设备制造业
11	家具制造业	28	电气机械及器材制造业
12	造纸及纸制品业	29	通信设备、计算机及其他电子设备制造业
13	印刷业和记录媒介的复制	30	仪器仪表及文化、办公用机械制造业
14	文教体育用品制造业	31	电力、热力的生产和供应业
15	石油加工、炼焦及核燃料加工业	32	燃气生产和供应业
16	化学原料及化学制品制造业	33	水的生产和供应业
17	医药制造业		

以上述行业分类为基础，对 2002 年以前及 2011 年以后的行业分类进行对照处理。如：将旧分类中的"缝纫业"等同于"纺织服装、鞋、帽制造业"；将"木材及竹材采运业"调整出工业范畴；将"木材加工及木、竹、藤、棕、草制品业"等于旧行业"森林工业"中扣除"木材采运业"；将"采盐业"合并到"非金属矿采选业"；根据 1993 年以来"通用设备制造业"和"专用设备制造业"的占比变化情况对"机械工业"进行了分解；对"石油加工、炼焦及核燃料加工业"按照三年平均占比对"石油加工"和"炼焦、煤气及煤制品业"进行重新划分；将"仪器仪表及其他计量器具制造业"等同于"仪器仪表及文化、办公用机械制造业"；"电子及通信设备制造业"等同于"通信设备、计算机及其他电子设备制造业"。

2. 行业数据的调整

《中国统计年鉴》中，从 1980 年开始提供工业分行业数据，但行业非常少，而且行业分类与 1985 年以来存在差别较大，造成大量行业数据缺失，很难形成连续的分行业数据。而 1985 年以来行业分类经过上述调整后，基本能够形成连续的行业数据，而且考虑到改革开放以来到 1984 年的数据缺失对于研究工业结构变化的总体趋势影响不大，因此行业数据选择从 1985 年开始。国家统计年鉴中对工业总产值的分行业数据最为连贯，而如果要使用其他数据，需要进行大量的测算和假设。鉴于本节主要是对中国工业结构的变化情况及发展趋势进行分析，使用工业总产值指标能够满足分析需要，因此本节分析工业结构变化的基础数据选用工业总产值数据。

根据《中国统计年鉴》，1986 年以前的工业总产值采用 1980年的不变价格统计，1986 年以后提供的主要是按照当年价格统计的工业总产值。而在《中国价格统计年鉴》中提供了 1985 年以来比较详细的工业分行业出厂价格分类指数（上年 = 100）。其中个别数据与本节行业划分有所不同或存在行业数据的缺失，进行如下调整：食品工业、印刷业和记录媒介的复制等行业数据以商品零售价格代替，通用设备制造业行业价格指数仅从 2003 年开始，考虑到通用设备制造业和专用设备制造业均属于装备制造行业，且在 2003 年以后的价格指数相关性较高，因此之前的相关价格指数使用专用设备制造业数据近似代替。考虑到 1985 年的工业总产值是以 1980 年为基期价格的统计数据，统计年鉴中也提供了 1986 年即期和 1980 年价格统计的工业总产值，使我们能够测算 1986 年以后及以 1980 年为基期的分行业价格指数。考虑到工业品价格变化比较大，为避免相关行业因此出现过大的占比波动，这里将构建（1990 年 = 100）分行业的工业总产值序列，并以此为依据通过加总后除以各行业不变价格计算的工业总产值计算各个行业的结构占比。需要说明的是，截至目前，国家最新的统计年鉴仅提供了 2011 年的工业总产值行业数据，故数据的时间序列为 1985～2011 年。调整后的各行业结构占比情况详见表 3 – 4。

（二）工业产出结构的变动分析

虽然国家每年均公布轻重工业的统计数据，但并没有连续公布其内部的细分行业，为能够对工业结构进行更进一步分析，本节根据《中国统计年鉴 2012》对轻、重工业的划分定义将上述 33 个行业进行粗略划分，虽然不一定非常精确，但对相关发展变化趋势应该能够有一个比较准确的把握。根据相关定义，轻工业包括：食品工业，纺织业，纺织服装、鞋、帽制造业，皮革、毛皮、羽毛（绒）及其制品业，木材加工及木、竹、藤、棕、草制品业，家具制造业，造纸及纸制品业，印刷业和记录媒介的复制，文教体育用品制造业，医药制造业，化学纤维制造业，橡胶制品业，塑料制品业，金属制品业，仪器仪表及文化、办公用机械制造业

表 3-4 工业行业占比情况

单位：%

序号	行业	1985 年	1986 年	1987 年	1988 年	1989 年	1990 年	1991 年	1992 年	1993 年	1994 年	1995 年	1996 年	1997 年	1998 年	1999 年
1	煤炭开采和洗选业	1.77	2.05	1.94	2.04	2.42	2.50	2.23	1.99	1.64	1.52	1.60	1.56	1.41	1.18	1.06
2	石油和天然气开采业	1.75	2.19	2.38	2.21	2.34	2.33	2.05	1.91	1.39	1.02	0.83	0.78	0.75	0.68	0.60
3	黑色金属矿采选业	0.15	0.19	0.19	0.20	0.20	0.20	0.18	0.16	0.17	0.18	0.18	0.20	0.21	0.18	0.16
4	有色金属矿采选业	0.59	0.62	0.47	0.53	0.59	0.56	0.53	0.47	0.60	0.71	0.60	0.63	0.66	0.60	0.61
5	非金属矿采选业	0.74	0.76	0.73	0.79	0.84	0.70	0.68	0.60	0.73	0.78	0.75	0.77	0.78	0.44	0.43
6	食品工业	12.38	13.66	13.10	11.82	11.91	12.47	12.41	11.19	10.94	9.98	9.87	9.59	9.59	8.98	8.56
7	纺织业	15.21	14.10	13.59	12.83	12.77	12.50	11.78	10.82	11.52	10.48	8.98	8.41	7.66	6.95	6.77
8	纺织服装、鞋、帽制造业	2.19	1.96	1.96	1.97	2.03	2.26	2.38	2.55	2.68	3.03	2.80	2.80	2.53	2.68	2.48
9	皮革、毛皮、羽毛（绒）及其制品业	0.86	1.03	1.05	1.06	1.05	1.09	1.13	1.14	1.52	1.67	1.68	1.54	1.46	1.41	1.32
10	木材加工及木、竹、藤、棕、草制品业	0.78	0.93	0.78	0.62	0.57	0.56	0.49	0.52	0.55	0.69	0.82	0.99	1.14	0.94	0.97
11	家具制造业	0.70	0.59	0.55	0.54	0.49	0.44	0.44	0.47	0.43	0.48	0.49	0.51	0.52	0.45	0.46
12	造纸及纸制品业	2.00	2.14	2.19	2.24	2.18	2.12	2.03	1.97	1.90	2.00	1.96	1.81	1.77	1.78	1.78
13	印刷业和记录媒介的复制	1.86	1.74	1.79	1.62	0.96	0.95	1.04	1.06	1.08	0.88	0.82	0.69	0.60	0.51	0.46
14	文教体育用品制造业	0.43	0.49	0.48	0.45	0.46	0.49	0.55	0.57	0.62	0.74	0.80	0.80	0.81	0.88	0.85

续表

序号	行业	1985 年	1986 年	1987 年	1988 年	1989 年	1990 年	1991 年	1992 年	1993 年	1994 年	1995 年	1996 年	1997 年	1998 年	1999 年
15	石油加工、炼焦及核燃料加工业	3.83	2.52	2.49	2.55	2.84	3.02	3.21	2.84	2.22	1.94	1.97	1.90	1.84	1.78	1.77
16	化学原料及化学制品制造业	7.71	6.39	7.70	7.70	8.03	8.14	7.81	7.60	7.24	7.50	7.37	7.37	7.35	7.38	7.23
17	医药制造业	1.78	1.64	1.71	1.86	1.77	1.94	2.30	2.46	2.45	2.42	2.30	2.49	2.64	2.83	2.88
18	化学纤维制造业	1.20	0.97	1.08	1.22	1.31	1.49	1.59	1.63	1.64	1.80	1.79	1.95	2.15	2.29	2.44
19	橡胶制品业	1.66	1.60	1.52	1.58	1.61	1.55	1.45	1.48	1.45	1.43	1.39	1.43	1.36	1.34	1.30
20	塑料制品业	1.77	1.69	1.73	1.86	1.79	1.91	2.01	2.20	2.24	2.36	2.32	2.49	2.52	2.64	2.66
21	非金属矿物制品业	4.59	5.38	5.25	5.15	4.90	4.86	4.96	5.14	4.98	5.41	5.41	5.49	5.37	4.42	4.29
22	黑色金属冶炼及压延加工业	5.13	7.20	6.97	6.97	7.12	7.08	6.35	6.31	5.83	5.34	5.22	4.78	4.56	4.58	4.61
23	有色金属冶炼及压延加工业	2.75	2.92	2.67	2.68	2.79	2.78	2.72	2.57	2.53	2.52	2.34	2.38	2.33	2.74	2.71
24	金属制品业	3.08	3.03	3.02	2.89	2.84	2.85	2.82	2.92	3.00	3.26	3.25	3.42	3.31	3.35	3.27
25	通用设备制造业	5.81	5.56	5.72	6.05	5.72	5.11	5.30	5.66	5.10	5.03	4.95	4.90	4.69	4.13	3.96
26	专用设备制造业	4.56	4.37	4.50	4.76	4.49	4.02	4.16	4.45	3.89	3.77	3.67	3.63	3.45	3.08	2.92
27	交通运输设备制造业	3.17	3.36	3.32	3.80	3.85	3.89	4.32	5.44	6.43	6.70	7.00	6.96	6.91	6.75	6.74
28	电气机械及器材制造业	5.15	5.00	5.00	5.18	4.73	4.35	4.74	5.31	6.07	6.35	6.91	7.06	7.07	7.29	7.55

续表

序号	行业	1985年	1986年	1987年	1988年	1989年	1990年	1991年	1992年	1993年	1994年	1995年	1996年	1997年	1998年	1999年
29	通信设备、计算机及其他电子设备制造业	2.35	1.95	2.43	3.01	3.05	3.19	3.84	4.02	4.62	5.91	7.26	8.18	10.27	13.40	15.01
30	仪器仪表及文化、办公用机械制造业	1.14	0.94	0.77	0.75	0.66	0.60	0.66	0.76	1.18	1.18	1.14	1.26	1.31	1.43	1.30
31	电力、热力的生产和供应业	2.57	2.70	2.59	2.76	3.36	3.69	3.45	3.42	3.02	2.73	3.19	2.91	2.72	2.66	2.61
32	燃气生产和供应业	0.14	0.14	0.13	0.12	0.11	0.11	0.09	0.09	0.11	0.12	0.12	0.12	0.10	0.12	0.10
33	水的生产和供应业	0.19	0.21	0.21	0.21	0.23	0.25	0.27	0.24	0.22	0.09	0.23	0.21	0.17	0.15	0.14

续表 3-4　工业行业占比情况

序号	行业	2000年	2001年	2002年	2003年	2004年	2005年	2006年	2007年	2008年	2009年	2010年	2011年
1	煤炭开采和洗选业	0.96	0.93	0.88	0.80	0.89	0.78	0.75	0.74	0.78	0.76	0.76	0.78
2	石油和天然气开采业	0.48	0.39	0.33	0.27	0.20	0.19	0.15	0.13	0.12	0.11	0.08	0.08
3	黑色金属矿采选业	0.16	0.16	0.15	0.16	0.21	0.17	0.20	0.22	0.25	0.31	0.33	0.34
4	有色金属矿采选业	0.55	0.50	0.45	0.39	0.36	0.34	0.32	0.31	0.30	0.31	0.29	0.29
5	非金属矿采选业	0.39	0.36	0.33	0.29	0.44	0.23	0.25	0.26	0.27	0.30	0.31	0.31
6	食品工业	7.99	7.60	7.29	6.44	5.57	5.42	5.18	4.84	4.70	4.81	4.49	4.38

续表 3 - 4

序号	行业	2000年	2001年	2002年	2003年	2004年	2005年	2006年	2007年	2008年	2009年	2010年	2011年
7	纺织业	6.35	6.09	5.99	5.43	5.31	5.16	4.90	4.77	4.56	4.40	4.09	3.67
8	纺织服装、鞋、帽制造业	2.38	2.36	2.21	1.98	1.81	1.74	1.71	1.68	1.74	1.70	1.60	1.48
9	皮革、毛皮、羽毛（绒）及其制品业	1.26	1.26	1.20	1.15	1.07	1.03	0.98	0.95	0.90	0.89	0.87	0.82
10	木材加工及木、竹、藤、棕、草制品业	0.98	0.97	0.92	0.85	1.14	0.91	0.95	1.07	1.19	1.28	1.31	1.34
11	家具制造业	0.46	0.47	0.47	0.50	0.68	0.57	0.60	0.61	0.64	0.63	0.65	0.64
12	造纸及纸制品业	1.82	1.79	1.74	1.63	1.71	1.58	1.53	1.52	1.52	1.50	1.48	1.45
13	印刷业和记录媒介的复制	0.40	0.38	0.35	0.33	0.37	0.28	0.26	0.26	0.28	0.26	0.25	0.23
14	文教体育用品制造业	0.82	0.79	0.78	0.74	0.72	0.66	0.62	0.58	0.58	0.54	0.51	0.44
15	石油加工、炼焦及核燃料加工业	1.83	1.61	1.44	1.25	1.09	1.10	0.94	0.85	0.76	0.70	0.65	0.63
16	化学原料及化学制品制造业	6.99	6.81	6.48	6.11	5.69	5.49	5.48	5.55	5.38	5.86	5.73	5.77
17	医药制造业	3.11	3.16	3.08	2.88	2.32	2.59	2.49	2.48	2.51	2.66	2.60	2.81
18	化学纤维制造业	2.30	1.80	1.74	1.63	1.41	1.58	1.54	1.53	1.26	1.19	1.10	1.15
19	橡胶制品业	1.19	1.15	1.16	1.09	1.13	1.04	1.00	0.98	0.97	0.97	0.94	0.92
20	塑料制品业	2.59	2.56	2.55	2.39	2.61	2.14	2.14	2.14	2.16	2.20	2.21	2.07

续表 3－4

序号	行业	2000年	2001年	2002年	2003年	2004年	2005年	2006年	2007年	2008年	2009年	2010年	2011年
21	非金属矿物制品业	3.98	3.80	3.61	3.43	3.95	3.25	3.28	3.45	3.66	3.84	3.94	4.02
22	黑色金属冶炼及延加工业	4.48	4.67	4.43	4.72	4.65	4.94	4.89	4.82	4.54	4.56	4.19	4.11
23	有色金属冶炼及延加工业	2.52	2.53	2.39	2.38	2.37	2.42	2.58	2.54	2.59	2.69	2.55	2.51
24	金属制品业	3.23	3.21	3.12	2.78	2.88	2.56	2.65	2.78	2.91	2.84	2.84	2.76
25	通用设备制造业	3.88	3.92	3.96	4.06	4.79	4.36	4.52	4.80	5.23	5.19	5.40	5.35
26	专用设备制造业	2.79	2.63	2.63	2.73	2.76	2.54	2.63	2.77	3.13	3.19	3.29	3.43
27	交通运输设备制造业	6.69	7.19	7.88	8.22	7.34	7.20	7.53	8.04	8.28	9.15	9.85	9.75
28	电气机械及器材制造业	7.95	8.03	7.67	7.69	7.62	7.65	7.47	7.64	8.14	8.40	8.49	8.51
29	通信设备、计算机及其他电子设备制造业	17.38	19.05	21.12	24.09	24.43	27.48	27.97	27.29	26.42	24.77	25.24	25.96
30	仪器仪表文化、办公用机械制造业	1.38	1.31	1.28	1.50	1.52	1.59	1.64	1.62	1.59	1.44	1.49	1.55
31	电力、热力的生产和供应业	2.50	2.34	2.21	1.94	2.79	2.86	2.71	2.61	2.47	2.37	2.29	2.30
32	燃气生产和供应业	0.12	0.11	0.10	0.09	0.10	0.10	0.10	0.11	0.13	0.14	0.14	0.15
33	水的生产和供应业	0.11	0.09	0.08	0.07	0.06	0.05	0.05	0.04	0.04	0.04	0.03	0.03

等行业。其余行业属于重工业领域。根据这一划分标准，轻重工业占比变化情况如图 3 – 1 所示。

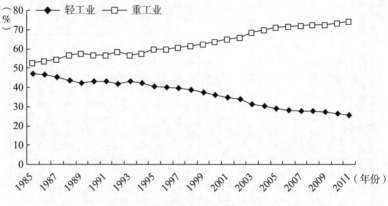

图 3 – 1　轻重工业占比结构变化情况（1990 年 = 100）

图 3 – 1 显示，自 1985 年以来，以不变价格表示的重工业总体呈现比重持续上升、轻工业总体呈现比重持续下降的趋势，这与前文中描述的产业结构变化的一般规律基本相一致。从具体变化来看，1985 ~ 1989 年，重工业比重迅速上升，从 52.96% 上升到 1989 年的 57.6%，轻工业占比则相应的从 47.04% 下降到 42.4%；随后，1990 ~ 1994 年，轻重工业比重相对稳定，1995 以后，重工业快速发展，比重单调增加，到 2011 年占比达到 74.29% 的历史高点。

从轻重工业内部看，1985 ~ 1989 年，支撑重工业占比快速上升的行业主要是黑色金属冶炼及压延加工业，电力、热力的生产和供应业，通信设备、计算机及其他电子设备制造业，共为重工业占比提高贡献了 3.48 个百分点。导致轻工业占比下降的行业主要是纺织业，印刷业和记录媒介的复制，仪器仪表及文化、办公用机械制造业，共下拉轻工业 3.82 个百分点。

1990 ~ 1994 年，轻重工业占比呈现水平波动。重工业中，交通运输设备制造业，通信设备、计算机及其他电子设备制造业，电气机械及器材制造业占比上升较快，而黑色金属冶炼及压延加工业，石油和天然气开采业，石油加工、炼焦及核燃料加工业，煤炭开采和洗选业占比下降比较明显，重工业内部由采矿业向制造业升级的趋势比较明显。轻工业中，纺织服装、鞋、帽制造业，皮革、毛皮、羽毛（绒）及其制品业，仪器仪表及文化、办公用机械制造业行业上升较快，食品工业、纺织业占比下降明显，显示随着人民群众生活水平提高，轻工业内部适应群众生活需要进行着相应的结构调整。

1995 年以后，通信设备、计算机及其他电子设备制造业、交通运输设备制造业、电气机械及器材制造业三个行业成为支撑重工业比重提升的主要行业，而化学原料及化学制品制造业，非金属矿物制品业，石油加工、炼焦及核燃料加工业，黑色金属冶炼及压延加工业占比下降明显，重工业内部向高端制造业升级的趋势更加明显。轻工业内部满足基本生活必需品的食品工业，纺织业，纺织服装、鞋、帽制造业比重下降最快，而木材加工及木、竹、藤、棕、草制品业，医药制造业，仪器仪表及文化、办公用机械制造业等代表满足群众"用"的行业产出占比有所增加。

从即期价格来看，轻重工业占比仍然表现出重工业占比持续上涨、轻工业占比不断下降的总体变化趋势，而且从 2006 年开始，重工业比重呈现占比上涨放缓的趋势（见图 3-2）。从结构来看，重工业中占比较大的是黑色金属冶炼及压延加工业，通信设备、计算机及其他电子设备制造业，交通运输设备制造业，化学原料及化学制品制造业和电气机械及器材制造业，共计占比达到 36.36%。对比发现，虽然价格因素影响了相关行业的具体占比，但是，支撑中国重工业发展的主要行业并没有太大变化。

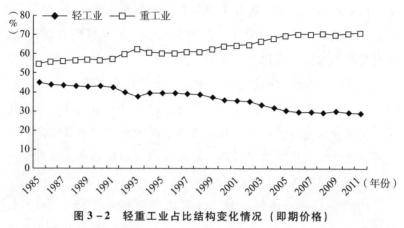

图3-2　轻重工业占比结构变化情况（即期价格）

（三）相关结论

总体来看，中国经济重工业化趋势明显，产出占比迅速增加。重工业中通信设备、计算机及其他电子设备制造业（23.61%），交通运输设备制造业（6.51%），电气机械及器材制造业（3.36%）占比上升最快，这些行业均属于资本和技术密集型产业，制造业高端化的发展趋势非常明显，而属于高耗能高污染的煤炭开采和洗选业，化学原料及化学制品制造业，电力、热力的生产和供应业等行业占比不但没有上升，反而出现了明显下降，表明中国产业技术进步加快、结构优化趋势明显。轻工业中，医药制造业，木材加工及木、竹、藤、棕、草制品业等满足人民消费升级的产业产出占比有所上升，这些行业基本上均属于劳动和技术密集型行业，而食品、轻纺等行业占比明显下降，反映了轻工业适应消费升级和技术进步的产业结构调整方向。

重工业作为资本密集型产业，其在工业中的产出占比持续提升与中国坚持投资拉动经济的经济发展战略得到了很好的契合。另外，根据发达经济体工业化的历史经验，只有实现高水平的重工业化，通过使用重工业生产的先进的技术装备对轻工业、农业进行彻底改造，工业化的任务才算是最终完成，并进入发达的后工业化社会（简新华，2005）。简新华和余江（2006）同时指出，从 1999 年开始，中国重工业在产值、投资、利润增长方面全面超过了轻工业，中国工业发展出现了明显的重新重工业化的趋势，而这种重工业化的发展趋势似乎正符合发达国家所经历的发展规律。

但是，蔡昉和杨涛（2000）、Kanbur 和 Zhang（2005）、Lin 和 Chen（2008）、陈斌开和林毅夫（2010）等研究指出，正是中国投资驱动下的重工业优先发展战略，导致了单位资本吸纳劳动力能力的下降，对农业从业人员转为城市居民形成了一定障碍，阻碍了中国城市化进程，也导致了农村工资总水平的相对下降，使城乡工资差距不断扩大，形成了"城乡二元"结构。他们认为，在这种赶超战略下，赶超程度越大，导致的后果就越严重。另外，由于重工业行业的能源消费强度很高，其占比工业份额的快速上涨必然导致对资源和能源需求的快速增长。当前，中国虽然在各类资源的人均占有量上大多低于世界的平均水平，却早已成为世界上资源消耗大国。中国的水消耗、能源消耗以及温室气体排放总量等均排在世界第一位。我们当前在全国众多城市经常能够看到的雾霾天气更与这种产业结构密不可分。在当前国内外环保意识不断增强、绿色发展逐渐成为主流思想的背景下，中国经济发展面临严重的环境和道德问题。此外，依赖大规模投资推动的工业发展有时带有一定的盲目性。不考虑市场和需求因素，仅仅为了拉动经济增长而加快投资，通常会造成相关投资品的需求虚增，带动投资的进一步增长，将直接或间接地推动重工业行业产能快速扩张，当投资有所减速或相关市场遇到发展"瓶颈"时，循环将被倒转，这些行业内将形成过剩产能，造成资源的巨大浪费，并引发恶性竞争，拖累整个国民经济的健康发展。具有代表性的是在 2008 年世界金融危机中，中国通过调动四万亿投资直接或间接带动形成的大量产能的集中释放，直接导致了 2011 年以后众多与投资有关的钢铁、电解铝、平板玻璃、水泥等行业，甚至在风电、硅光伏等战略新兴行业，出现了严重的产能过剩。对此，吴立军等（2012）、卫梦星（2012）等众多学者进行了充分的讨论。

另外，根据国际经验，当人均 GDP 达到 3000 美元以后，居民消费将进入加速转型升级的阶段，产业结构的调整应该适应这一新变化。而中国的人均 GDP 早已超过了这一临界点，但是，当前重工业占比持续增加的事实说明，中国投资驱动的特征依然明显，工业结构并没有迎合这一变化而做出应有的调整。消费品和工业品市场价格的变化很好地反映了这种情况。2011 年底，中国的居民消费价格指数增长 4.1%，而同期工业品出厂价格指数仅增长 1.9%。所以，虽然按照相关标准中国可能已经进入了重工业化阶段，但是基于工业尤其是重工业在经济中的占比过高的现实考虑，工业的发展应根据市场需求，更多地向满足消费升级需要进行调整，而不应该继续推动大规模投资。

综上所述，库兹涅茨、霍夫曼等人的研究，以及对美国、德国、法国、英国等发达国家的工业化历程也证明，工业化的进程中出现"先轻后重"的情况具有普遍性，符合工业化的一般规律。当前，中国重工业的工业占比持续增加，虽然投资拉动战略起到了不小的作用，但一定程度上反映出当前中国经济发展到了一定的发展阶段。同时，考虑到在当前中国人均 GDP 水平下，中国经济发展中出现了以重工业产品产能过剩为主的局面，以及环境约束和持续出现的污染事件已经影响到人民群众的身体健康，说明中国经济有其独特性，更提醒我们要实现经济的赶超，发展工业虽然必要，但过犹不及，必须在遵循市场规律的前提下，及时调整发展重点，根据经济发展走势和宏观新特点，抓住机遇走出一条独特的新型工业化道路。

四　劳动力要素的配置结构

如前文所述，学者们在总结结构变化与经济增长关系时，通常将劳动力在三次产业中的分布状况，尤其是第二、三产业的占比状况表示为一个经济体经济发展所达到的高度。结构主义认为，推动劳动力按照市场规律由相对低效的生产部门向相对高效的生产部门配置，使劳动力的三次产业结构与产出结构相一致，是产业结构实现优化升级的一个重要条件。

（一）劳动力就业的产业结构

通常，劳动力结构主要是指劳动力的产业分布结构，即从事各产业劳动力数量在就业劳动力总量中的比重。根据国家统计数据，1978 年以来，中国劳动力产业分布情况如表 3 - 5 所示。

表 3 - 5　劳动力就业结构

年份	人均GDP（元）	就业人数（万人）	就业人数（万人）第一产业	就业人数（万人）第二产业	就业人数（万人）第三产业	就业占比（%）第一产业	就业占比（%）第二产业	就业占比（%）第三产业
1978	378.69	40152	28318	6945	4890	70.53	17.30	12.18
1979	401.87	41024	28634	7214	5177	69.80	17.58	12.62
1980	427.17	42361	29122	7707	5532	68.75	18.19	13.06
1981	443.22	43725	29777	8003	5945	68.10	18.30	13.60
1982	475.37	45295	30859	8346	6090	68.13	18.43	13.45
1983	521.01	46436	31151	8679	6606	67.08	18.69	14.23
1984	593.31	48197	30868	9590	7739	64.05	19.90	16.06
1985	668.12	49873	31130	10384	8359	62.42	20.82	16.76
1986	718.24	51282	31254	11216	8811	60.95	21.87	17.18
1987	791.01	52783	31663	11726	9395	59.99	22.22	17.80
1988	869.98	54334	32249	12152	9933	59.35	22.37	18.28

年份	人均GDP（元）	就业人数（万人）	就业人数（万人）			就业占比（%）		
			第一产业	第二产业	第三产业	第一产业	第二产业	第三产业
1989	892.37	55329	33225	11976	10129	60.05	21.65	18.31
1990	911.92	64749	38914	13856	11979	60.10	21.40	18.50
1991	991.94	65491	39098	14015	12378	59.70	21.40	18.90
1992	1134.20	66152	38699	14355	13098	58.50	21.70	19.80
1993	1292.14	66808	37680	14965	14163	56.40	22.40	21.20
1994	1459.69	67455	36628	15312	15515	54.30	22.70	23.00
1995	1611.97	68065	35530	15655	16880	52.20	23.00	24.80
1996	1763.06	68950	34820	16203	17927	50.50	23.50	26.00
1997	1915.18	69820	34840	16547	18432	49.90	23.70	26.40
1998	2052.76	70637	35177	16600	18860	49.80	23.50	26.70
1999	2196.81	71394	35768	16421	19205	50.10	23.00	26.90
2000	2372.30	72085	36043	16219	19823	50.00	22.50	27.50
2001	2554.03	72797	36399	16234	20165	50.00	22.30	27.70
2002	2775.64	73280	36640	15682	20958	50.00	21.40	28.60
2003	3060.03	73736	36204	15927	21605	49.10	21.60	29.30
2004	3359.70	74264	34830	16709	22725	46.90	22.50	30.60
2005	3727.71	74647	33442	17766	23439	44.80	23.80	31.40
2006	4190.41	74978	31941	18894	24143	42.60	25.20	32.20
2007	4776.65	75321	30731	20186	24404	40.80	26.80	32.40
2008	5216.32	75564	29923	20553	25087	39.60	27.20	33.20
2009	5684.23	75828	28890	21080	25857	38.10	27.80	34.10
2010	6284.51	76105	27931	21842	26332	36.70	28.70	34.60
2011	6862.87	76420	26594	22544	27282	34.80	29.50	35.70

资料来源：《中国统计年鉴2013》，人均GDP为1978年不变价格，按照（GDP/总人口）计算得出。

从占比情况看，劳动力就业占比呈现第一产业下降，第二、三产业上升的稳定的变化趋势，但第一产业劳动力就业占比仍然高于第二、三产业。第一产业劳动力占比从 1978 年的 70.53% 迅速降低到 2011 年的 34.8%，下降了 36.73 个百分点，其中下降最快的时期是 2003~2011 年，下降了 14.3 个百分点，平均每年下降 1.79 个百分点，就业人员绝对数值也从 1991 年达到最高点之后，开始下降；第二产业的劳动力占比从 1978 年的 17.3% 上升到 2011 年的 29.5%，提高了 12.2 个百分点，上升速度最快的时段是 2002~2011 年，提高了 8.1 个百分点，平均每年上升 0.9 个百分点，劳动力就业人数从 1978 年的 6945 万人，上升到 2011 年的 22544 万人，增加 2.25 倍，年均增长 3.6%。第三产业的劳动力就业占比从 1978 年的 12.18% 上升到 2011 年的 35.7%，提高了 23.52 个百分点，其中比重上升最快的年份是 1992~1996 年，平均每年提高 1.55 个百分点，就业人数从 4890 万人，增加到 2011 年的 27282 万人，增加 4.58 倍，年均增长 5.3%。对比发现，第一产业劳动力就业虽然占比不断下降，绝对数量从 1991 年后逐年下降，但仍是中国吸纳就业量最大的产业，第二、三产业就业人口逐年上升，主要以从第一产业转移就业为主，其中第三产业劳动力就业增长最快，在 1994 年超过了第二产业，成为吸引转移就业的主力军。

与产业结构的占比变化对比发现，无论是从数量上还是占比上，劳动力在产业间的流动总体趋势与三次产业的产出结构变动方向基本一致，但不同的是，产出结构中第二产业产出占比最大，而劳动力结构中，第一产业的劳动力就业数量仍然最多，占比仍然最大。

（二）劳动力结构的国际对比

根据 Maddison（1987）对法国、日本、德国、英国、新西兰、美国等六个主要工业化国家劳动力就业占比研究，1870 年六个国家第一产业的平均就业占比为 46.0%，到 1984 年这个比例已经下降到 5.5%；在此过程中，第三产业的就业占比从 26.4% 上升到

62.2%，成为吸纳就业的第一大产业。Andreas Dietrich 将法国、荷兰、德国、英国、美国、意大利、日本等七个发达资本主义国家1960～2004 年劳动就业结构变化情况绘制成图（见图 3 - 3），显示了与 Maddison 研究相同的变化趋势，即标准的"库兹涅茨"事实。对比两者研究的时间跨度，我们发现，考察时期越长，这个规律表现得就越明显。由于 Andreas Dietrich 所研究的七个国家在1960～2004 年所处的发展阶段并不相同，通过对比其所绘制的各国劳动力就业结构变化趋势，可以发现一个明显的事实：劳动力转出的产业逐渐由以第一产业为主转变为以第二产业为主。这也说明，当经济体发展到一定阶段，第三产业扩张所需的劳动力转移主要来源于第二产业，第一产业的劳动力转移就显得不重要了。

从我国劳动力转移方向看，目前仍然处于从第一产业向第二、三产业转出的过程中。这与上述劳动力转移规律中所描述的第一个发展阶段中劳动力的转移趋势是相似的，不同的是在劳动力的转移过程中，第三产业增加值占比并未随着劳动占比的提高而提高。这一方面说明中国当前总体上尚未进入工业化的后期阶段，另一方面也证实了中国第二产业过度发展，而第三产业发展严重不足的事实。

五　资本存量的配置结构

从宏观经济学上讲，资本通常是指经济社会在某一时点上的生产性资产和资本品的存量，由可用于生产过程中的耐用品构成。由于资本品的生产性质，通常认为，一个经济体资本存量越大，其潜在生产能力越高，经济体的综合实力越强。资本存量增加的主要途径是投资，因此萨缪尔森等（2007）认为"投资导致资本积累"。资本作为重要的生产要素，与劳动相似，其在各产业中的分配状况反映出经济体的发展水平和发展状态。

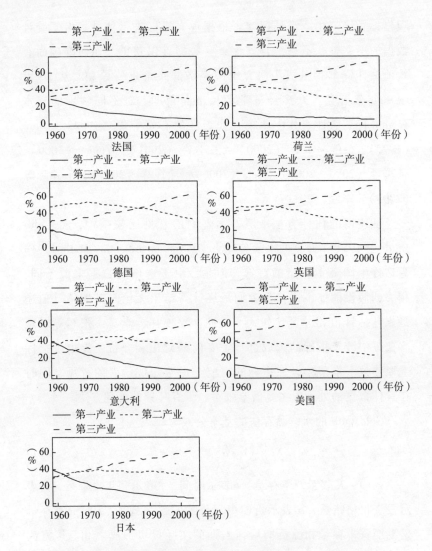

图 3 - 3　1960 ~ 2004 年主要发达国家劳动力就业结构变动情况

　　资料来源：Andreas Dietrich, *Does Growth Cause Structural Change, or Is it the Other Way Round? —A Dynamic Panel Data Analyses for Seven OECD Countries*, Darmstadt University of Technology, May 2009, woking paper。

（一）三次产业资本存量的估计

　　在中国的统计体系中，各种统计资料均未将资本存量作为一项指标直接列出，需要研究者根据现有指标进行估计。由于统计数据的不完整、不系统且许多重要数据难以获得，如何准确而有效地估计资本存量成为研究中国经济的一个重要课题。从 20 世纪 90 年代开始，众多经济学者从不同角度，对不同领域的资本存量进行了估计。其中比较有代表性的有贺菊煌（1992）、Chow（1993）、Jefferson 等（2000）、王小鲁（2001）、Young（2000）、张军等（2003，2004）、Holz（2006）、徐现祥（2007）、于春晖等（2009）、李宾（2011）等。

从使用的估计方法上看，学者们的意见比较统一，将 Goldsmith 于 1951 年开创的永续盘存法（Perpetual Inventory Method）作为估计中国资本存量的首选。但是，出于选用的数据来源不同，相关的假设前提不同，学者们最终计算结果无论是基期估计值还是累计估计值相差都比较大。对此，徐现祥、李宾、张军等对现有文献中涉及指标的选取进行了专门的对比和评价，提出了指标选取建议。本节中，在指标的选取上借鉴三位学者的意见，同时在具体数据的处理上主要借鉴张军、于春晖等的处理方法。

Goldsmith 的永续盘存法的基本公式为：

$$K_t = (1 - \alpha_t)K_{t-1} + I_t/P_t \qquad (3-1)$$

式中，K 表示资本存量，t 表示时间，I 表示当年投资量，P 表示投资价格指数，α 表示折旧率。公式的含义就是：t 期资本存量是上期资本存量扣除折旧后与当期的实际投资形成之和。该方法的一个核心假设就是相对效率的几何递减，该假设通过折旧率体现。根据这个假设，公式中的资本折旧率 α_t 为常数。据此，如果计算 i 产业的资本存量（K_i），公式相应调整为：

$$K_{it} = (1 - \alpha_t)K_{it-1} + I_{it}/P_t \qquad (3-2)$$

计算经济体全部的总资本存量的计算公式为：

$$K = \sum_{i=1}^{n} K_{it} \quad （n \text{ 为产业个数}） \qquad (3-3)$$

本节主要测算三次产业的资本存量，故 $i = 1$，2，3。根据公式，基期资本存量、投资价格指数、折旧额（率）和当年投资额四个变量决定了资本存量的最终数值。

由于对公式中相关指标的理解不同，学者们根据自身研究的需要和相关数据的可获得性，对指标的内涵进行了重新定义，并根据定义以后的指标内涵选取能够获得的数据进行计算。有鉴于指标选取对计算结果的重要性，下面就相关指标的选取情况分别叙述。

（1）基期资本存量。目前对中国基期资本存量的推算主要集中在 1952 年和 1978 年两个时间点上。由于测算时选取的基础数据或使用的测算方法不同，学者们测算出来的基期资本存量存在较大差别。邹至庄根据国家统计局提供的全民所有制企业固定资产净值，估算出 1952 年的资本存量为 1030 亿元（不含土地）。贺菊煌（1992）使用迭代法推算出按照 1990 年不变价格表示的 1952 年资本存量为 946 亿元。王小鲁（2001）直接将 1952 年资本存量明确为 1600 亿元，具体原因未做说明。唐志红（1999）采用逐步逼近的方法测算出以 1980 年不变价表示的中国 1952 年的资本存量为 1800 亿元。Young（2000）将即期的固定资本形成总额除以一个估算的具体数值（10%），得出我国 1952 年的资本存量为 815 亿元。张军和章元（2003）以上海 1952 年固定资产原价数为基础，根据其 GDP 的全国占比，推算出全国以 1952 年价格表示的资本存量为 673 亿元，在综合考虑到推测的遗漏和误差后，将资本存量主观地确定为 800 亿元左右。

根据本书研究的需要，我们将 1978 年确定为即期。综合对比各种计算方法，笔者认为张军、徐现祥等以 1978 年为基期估计我国各省份资本存量加总的估计值 6054.5 亿元较为合理，这里不再重新测算。原因是：其估算过程中使用的大部分数据直接从《中国国内生产总值核算历史资料（1952~1995）》和《中国国内生产总值核算历史资料（1996~2002）》中获得；计算所依据的数据来源与笔者尽可能直接使用官方权威数据的指导思想较为一致。但在行业资本存量的估计上，徐现祥直接将各省份三次产业资本存量分别加总的方法不妥。原因是，按照 1978 年使用的统计指标体系，第一产业统计数据中包括了水利行业，而按照当前的统计口径，水利属于第三产业，所以直接将各省份三次产业数据分别加总计算资本存量，有可能高估了第一产业数据，并对第三产业的资本存量形成了低估。干春晖等（2009）在使用徐现祥 1978 年估计的基期资本存量时，对三次产业数据根据《中国统计年鉴》中公布的隔年固定资产投资情况进行了调整。调整后三次产业的资本存量分别为 143.95 亿元、3450.31 亿元、2459.75 亿元，占比分别为 2.38%、56.99% 和 40.63%，与各次产业历年的投资占比的平均值较为接近，本节中予以采纳。

（2）投资。现有文献中，学者们通常选用物质平衡体系中的积累、资本形成总额、固定资本形成总额、固定资产投资等作为投资。如贺菊煌（1992）将公式中的 I（投资）明确为 t 年的资本积累，邹至庄（1993）将 I 调整为 t 年实际净投资，王小鲁和樊纲（2000）将 I 调整为剔除折旧后以不变价格计算的当年的固定资本形成等。张军等根据国家和相关学者对上述几项指标的定义，对指标的实用性进行了逐项分析比较，推荐将固定资本形成总额作为投资流量。李宾等学者对不同指标从定义到所得出的估算结果进行了对比检验，支持了张军的结论，随后的经济学者们基本都采纳了上述二位的建议。同时，《OECD 资本度量手册（2001）》中也建议在测算资本存量时使用固定资本形成额作为投资流量指标，这也与本书中对投资的定义相吻合，故在本次测算中采用该指标。

（3）资本形成的分行业数据。国家统计年鉴中并没有提供资本形成的分行业数据。现有文献中对三次产业资本存量进行全面估算的不多，笔者能查到的仅有郭克莎（1999）、徐现祥（2007）、干春晖和郑若谷（2009）、陈宏伟等（2010）、李仁君（2010）等。从估计方法看，郭克莎、干春晖等方法相似，将当年三次产业中全社会固定资产投资三次产业比重或三次产业累计比重作为依据，对相关积累数据进行按比例划分。但国家统计年鉴并未提供完整的固定资产投资按三次产业划分的数据，郭克莎和干春晖也未就数据来源和测算方法进行详细解释。徐现祥（2007）直接利用《中国国内生产总值核算历史资料》中提供的省级三次产业固定资本形成数据，比较接近于中国实际，但国家仅提供了1978～2002年的相关数据，而且部分省和直辖市某些阶段的数据存在缺失，需要通过假设进行弥补。笔者认为，从定义和国家统计内容上看，新增固定资产投资与固定资本形成所包含的内容相差不大，国家统计年鉴和固定资产投资统计年鉴中提供按产业划分的新增固定资产投资数据相对较全，所以，可以将其三次产业比重作为划分当年三次产业资本形成的依据。因此，本节将以新增固定资产投资的三次产业占比为依据将各年三次产业的固定资本形成进行划分，对于其中缺失的1979年和1980年的数据，通过5年移动平均补齐。

（4）价格平减指数。投资的价格平减指数是将当年价格计算的固定资本形成额换算成基期价格表示的资本形成的关键。国家在统计年鉴中公布了1991年至今的投资价格平减指数，但1991年以前的价格指数没有公布。从现有文献来看，学者们基本上采取了使用其他指数进行替代或自行推算的方法，但在具体指标的选用上，学者们存在比较大的争议。如张军（2003）和林民书等（2008）直接采用上海市固定资产投资价格指数替代；Bai等（2006）进行了推算拟合；单豪杰（2008）、黄宗远等（2008）直接使用固定资产投资价格指数进行代替；范巧（2012）直接采用GDP平减指数进行替代。这些做法虽有一定依据，但或是以偏概全，或是前后口径不一致，导致可靠性不高。分析发现，《中国国内生产总值核算历史资料（1952～2004）》中提供的1978～2004年的固定资本形成总额指数与投资价格指数之间的关系可以表示为：固定资本形成总额指数 =（当年价格统计的固定资本形成总额/当年投资隐含平减指数）/基期固定资本形成总额。叶宗裕（2010）在对中国1952～1978年的资本存量估算中采用了该方法计算价格平减指数。对比发现，使用该计算方法得出的固定资产投资隐含平减指数，与统计年鉴中直接提供的固定资产投资价格指数在重叠的时间段（1991～2004年）内，基本一致。因此，本节将用该公式计算出来的投资隐含平减指数作为1979～1990年的投资价格平减指数，随后的价格指数使用国家统计年鉴提供的数据。

（5）折旧率（额）。《中国统计年鉴》仅提供了全国各省固定资产折旧额，并没有公布国家层面折旧额总量。由于各省份GDP加总与国家公布的全国GDP数据差别较大，如果简单地将各省折旧额加总数据代替国家折旧总量，有可能因为数据统计口径不一致造成折旧被明显高估。同时，各省份折旧总量数据的时间序列并不完整，部分省份数据缺失比较严重，需要逐个补齐，这也会带来一定的偏差，因此，笔者更倾向于使用被更多采用的折旧率的估计法。在折旧率的估计方法和具体数值上，学者们也存在较大分歧，估计的折旧率从0到10%以上。分析文献发现，折旧率的具体数值主要集中在5%左右和10%左右两个点。5%左右的折旧率主要出现在外文文献中，如Perkins（1998）、Huseh和Li（1999）、Yao和Wang（2003）、Young（2000）等。10%左右的估计值被国内学者使用的比较多，如张军等（2004）、龚六堂和谢丹阳（2004）、单豪杰

（2008）、李宾（2011）等。存在差别的一个重要原因是，对国内资本品的平均使用寿命预期不同。国外的学者大概是受 Hall 和 Jones（1999）对世界 127 个国家资本存量进行研究时采用的 6% 的所谓通用折旧率的影响，而国内学者在确定折旧时基本上将财政部 3% ~ 5% 的残值率建议考虑在内。笔者认为国内学者的估算，无论是从方法上还是从最终估计结果上，更接近我国经济快速发展的实际情况。所以，在本章的估算中借用张军、曹吉云等 9.6% 的固定折旧率。

按照上述方法估算的 1978 ~ 2012 年三次产业资本存量及各产业的结构占比情况如表 3-6 所示。

表 3-6 各年三次产业资本存量及占比情况

单位：亿元，%

年份	分行业资本存量				资本存量的产业结构占比		
	总额	第一产业	第二产业	第三产业	第一产业	第二产业	第三产业
1978	6054.01	143.95	3450.31	2459.75	2.38	56.99	40.63
1979	6601.49	164.80	3632.85	2803.84	2.50	55.03	42.47
1980	7224.21	180.73	3824.28	3219.20	2.50	52.94	44.56
1981	7763.53	192.70	4014.44	3556.38	2.48	51.71	45.81
1982	8370.27	208.88	4184.90	3976.50	2.50	50.00	47.51
1983	9079.85	214.00	4368.84	4497.02	2.36	48.12	49.53
1984	10019.85	221.79	4649.01	5149.06	2.21	46.40	51.39
1985	11161.72	224.82	4999.76	5937.14	2.01	44.79	53.19
1986	12413.04	227.91	5529.30	6655.83	1.84	44.54	53.62
1987	13892.17	235.63	6198.91	7457.64	1.70	44.62	53.68
1988	15469.74	243.13	6927.73	8298.88	1.57	44.78	53.65
1989	16506.16	242.31	7389.42	8874.42	1.47	44.77	53.76
1990	17534.37	242.74	7914.60	9377.03	1.38	45.14	53.48
1991	18851.28	251.55	8577.65	10022.08	1.33	45.50	53.16
1992	20689.70	265.53	9484.49	10939.68	1.28	45.84	52.88
1993	23210.95	284.27	10676.28	12250.40	1.22	46.00	52.78

年份	分行业资本存量				资本存量的产业结构占比		
	总额	第一产业	第二产业	第三产业	第一产业	第二产业	第三产业
1994	26291.26	295.86	12030.78	13964.62	1.13	45.76	53.12
1995	29814.88	311.69	13471.13	16032.06	1.05	45.18	53.77
1996	33650.95	331.65	15039.87	18279.44	0.99	44.69	54.32
1997	37531.91	358.68	16496.32	20676.91	0.96	43.95	55.09
1998	41765.39	395.95	17940.99	23428.45	0.95	42.96	56.10
1999	46163.72	476.30	19407.50	26279.92	1.03	42.04	56.93
2000	50954.83	557.46	21098.01	29299.37	1.09	41.41	57.50
2001	56310.25	644.36	23150.41	32515.48	1.14	41.11	57.74
2002	62723.10	745.62	25755.14	36222.34	1.19	41.06	57.75
2003	70878.52	873.49	29256.15	40748.88	1.23	41.28	57.49
2004	80412.43	1042.86	33673.71	45695.87	1.30	41.88	56.83
2005	91029.09	1259.90	38824.46	50944.73	1.38	42.65	55.97
2006	103693.45	1541.05	45087.29	57065.11	1.49	43.48	55.03
2007	118081.95	1922.77	52314.90	63844.28	1.63	44.30	54.07
2008	134275.52	2295.20	60164.06	71816.26	1.71	44.81	53.48
2009	155882.58	2840.62	70756.49	82285.47	1.82	45.39	52.79
2010	179948.60	3384.31	82314.73	94249.56	1.88	45.74	52.38
2011	205682.67	4314.93	95440.4	105927.34	2.10	46.40	51.50
2012	233616.41	5344.02	109626.88	118645.51	2.29	46.93	50.79

（二）资本存量的产业配置结构分析

从总量上看，各产业资本存量逐年增加，其中第三产业增长最快，从1978~2012年，年均增速超过12%，从1983年开始超过第二产业资本存量，尤其是1993~1999年，年均增速达到13.6%，这主要与当时国家不断加大基础设施建设投入力度有关；第一产业资本积累速度从1998年以后开始加速，每年增速都在15%以上，平均增速超过了20%，这与国家将"保障粮食安全"作为国家战略，在1998年以后不断加大对第一产业基础设施建设投入有关；第二产业资本积累增速表现出明显的波动性，高积累期分别是1986~1988年、1992~1996年、2002~2012年，积累速度都超过了10%，这基本上与前文描述的中国的经济宏观调控周期相吻合。

从占比变化情况看，改革开放以来，第一产业资本存量占比经历了短暂的上升，最高达到2.5%，从1983年开始连续下降，至1998年最低点0.95%，随后逐步缓慢回升到2012年的2.29%。这可能是因为改革开放初期，家庭联产承包责任制刚刚开始推行，农民务农积极性空前高涨，纷纷加大了对农业的自主投入，资本积累增加较快，李录堂和薛继亮（2008）对农业的研究支持了这一判断。但是农民能够用于投资的资本有限，而国家工作重心也很快由农村转移到城市，重点支持第二、三产业的发展，不但减少了对农业的投入，而且通过工农业"剪刀差"实行了以农补工的政策，农业资本存量占比逐步下降。1998年以后，由于国家对农业发展严重滞后于工业和服务业以及作为国家经济基础的"粮食安全问题"的高度重视，对农业投入明显增加，农业资本积累速度加快，占比开始稳步回升。

第二产业资本存量占比从1978~2002年呈波动下降趋势，从56.99%下降到41.06%的历史低点，2002年后开始持续上升，到2012年占比上升到46.93%，但是未超过1978年改革开放初期的最高点。这似乎与新中国成立以来持续高度重视工业，千方百计引进大型工业项目，加快工业发展以及GDP产出中工业增加值占比远高于第三产业形成了矛盾。笔者认为，占比的下降并不代表绝对数的下降，从资本存量的绝对值可以看出，第二产业的资本存量一直处于增加的过程中。造成占比下降的原因是第三产业的资本存量以更快的速度增长，从1979年以来到2010年第三产业新增资本占比始终高于第二产业。另外，在第三产业的资本形成中有大量的公路、城市道路等基础设施，这与中国加大基础设施投资力度，通过投资拉动经济的策略也是一致的，这些形成了大量的资本存量，并有一定的社会效益，但由于没有收费或收费相对较低，没有产生如工业生产的增加值也是一个重要原因。从世界其他国家来看，第三产业资本存量高于第二产业的现象是普遍存在的。

与第二产业资本存量占比发展趋势相反，第三产业的资本存量占比在 1978～2002 年是波动上升的，从 40.63% 上升到 57.75%，提高了 17.12 个百分点，平均每年上涨 0.71 个百分点。2002 年以后，在工业的投资增长速度明显高于第三产业，造成第三产业资本存量占比开始下降，从 57.75% 下降到 50.79%，下降了 6.96 个百分点，但仍然保持着资本存量中的最大份额。

综上所述，由于资本存量和投资的密切关系，资本存量占比的变化一定程度上反映出我国投资重点的调整。改革开放初期，第三产业发展严重不足，铁路、公路、学校、医院等经济社会发展所必需的基础设施极其薄弱。为满足社会发展需要，国家持续加大基础设施建设投入。在大规模基础设施投资的带动下，第三产业资本存量保持了快速增长势头。第一产业的资本存量同样因为国家的重视，投入增加，带动资本存量占比逐步提升。2001 年以来，我国加入 WTO 和人民生活的改善，为中国工业的发展提供了广阔的国内外市场，中国工业产品凭借低成本优势，在世界市场上快速扩张，带动工业投资规模迅速扩大，第二产业资本存量占比相应地出现了回升势头。

从上述结构分析发现，随着经济的增长和不同阶段国家发展重点的不同，资本和劳动等要素投入的重点也在不断地发生变化，产业结构随之进行着调整。但是，正如陈宏伟等（2010）、刘伟等

（2011）等一些学者所质疑的那样，结构的变化并不一定带来效率的改善，在中国投资主导的经济增长模式下，政府通过行政手段主动配置社会资源形成的经济结构有可能是无效的。因此，有必要根据劳动和资本的要素配置结构和产业结构匹配程度的变化情况，对中国经济结构的合理性进行分析。

六　要素结构与产出结构的错配分析

在理想的市场经济环境下，劳动和资本等生产要素根据行业生产率的不同，在产业间由低向高自由流动，最终结果是生产要素的各产业生产率达到均衡或基本一致，此时生产要素在各产业的配置结构应该与各产业的产出规模占比或者说产出结构基本一致，如果出现要素配置结构与产出结构占比差别较大，则说明要素配置结构与产出结构不匹配，需要根据生产率差异情况对要素进行跨行业配置调整。

（一）结构的偏离分析

1. 结构偏离度

结构偏离度反映的是各产业生产要素配置与产出的匹配程度，或者说生产要素配置的有效程度。目前，较为普遍的计算方法有两种。第一种是将 GDP 的产业占比与生产要素配置的产业占比相除减去 1，即某产业的结构偏离度 = 产业的 GDP 比重/产业的要素配置比重 - 1。该种表达式下，若计算数值为正，则产业的产出比重大于要素分配的比重，说明该行业配置的该类要素相对缺乏，需要配置更多的要素资源；反之亦然。如果能够使生产要素从偏离数值为负的行业配置到偏离数值为正的行业，要素的总体使用效率就会提升。

该公式经过变换后，可以表示为某产业的单要素生产率与该要素的全社会生产率的比值减去 1，即某产业结构偏离度 = 某产业要素生产率/某要素的全社会平均生产率 - 1。这种表达式对于资源配置的经济学意义表达得更加清楚，即当产业的结构偏离度数值为正时，说明该产业的某种要素生产率大于该要素的社会平均生产率，如果能够将结构偏离度为负产业的要素调整配置到该行业，就能够提高该要素的总体使用效率，从而在要素总量不变的情况下，增加总产出量。因此，当生产要素在一个经济体内能够充分自由流动，在达到最终均衡状态时，理想状态下，该要素在各产业部门间的要素生产率水平和其全社会平均生产率水平应该是相同的。

另一种要素偏离度的表达式为某产业的要素占比与该产业的产出占比直接相减，公式表示为：某产业结构偏离度 = 某产业的要素占比 - 某产业的 GDP 占比。这种计算方法下，数值为正则说明投入的要素比重高于其产出比重，数值越大说明某产业所分配的要素相对越丰富；反之则然。

以上两种表达式虽然使用的数据相同，且均能反映出要素资源的产业配置结构与产业产出结构之间的匹配程度，均能对要素的流入流出方向做出明确判断。然而，从两种计算方法对各自的经济学意义的描述看，笔者更倾向于第一种表达方式，因为该方式不仅能够反映出要素投入与产出占比关系的匹配程度，更重要的是引入了单要素生产率的概念，能够揭示产生这种要素错配所导致的结果，和进一步修正的技术路径，也解释了如何通过要素在产业间的自由流动获得"结构红利"。

按照对第一种算法的描述，计算结构偏离度的公式如下：

$$E_i = \frac{Y_i/Y}{S_i/S} - 1 \quad (i = 1,2,3) \tag{3-4}$$

公式（3-4）中，E_i 表示第 i 产业的结构偏离度，Y 表示总产出，S 表示要素的全社会配置总量，Y_i 表示第 i 产业的产业增加值，S_i 表示第 i 产业的要素分配量。公式中 Y_i/Y 表示 i 产业的产出占比，S_i/S 表示 i 产业的要素分布结构。当 $E = 0$ 时，表示产业的产出结构和要素分配结是一致的。

按照生产率表示法对公式（3 - 4）进行变换，得到如下公式：

$$E_i = \frac{Y_i/S_i}{Y/S} - 1 \quad (i = 1, 2, 3) \tag{3 - 5}$$

Y/S 表示平均单要素生产率，Y_i/S_i 表示第 i 产业的单要素生产率。按照分析的经济学含义，达到均衡时要素各产业的生产效率相等，应该有 $Y_i/S_i = Y/S$，此时 $E = 0$，要素在产业之间的配置达到平衡状态，要素结构处于相对稳定状态。

学者们对经济实践的研究证明，在各国尤其是发展中国家经济快速发展的过程中，非均衡现象是一种常态，结构总是随着经济社会的发展在不断地变化，在现实生活中完全达到古典假设下的均衡状态的情况基本是不存在的，即使均衡状态出现了，也只是暂时的。我国经济持续快速增长，要素配置出现不平衡的状况是不可避免的，但是通过制定相关政策推动要素不断从低效率产业向高效率产业转移，使经济发展趋向于平衡，将有效提升我国经济社会发展效率，带来"结构红利"。通常，这种红利的大小取决于生产要素按照生产率从低向高转移的速度，以及各产业之间要素生产率的差异程度。

计算某要素的全社会结构偏离度时，通常是将要素各行业的结构偏离度的绝对值相加。有学者指出，这种简单地将各产业结构偏离度绝对值相加的做法，未考虑各产业在国民经济发展中的重要性，可能会出现因个别占比小的行业结构偏离值剧烈变化，而使加总后的结构偏离值出现较大波动，不能真实反映出经济社会中要素配置结构对经济结构的实际偏离程度。因此，在计算要素的全社会偏离系数时，学者们建议引入份额概念，并借鉴泰尔熵的原理，使用泰尔指数来代替（郑若谷等，2009）。根据建议，计算要素全社会偏离系数的公式修改为如下形式：

$$TL = \sum_{i=1}^{n} \left(\frac{Y_i}{Y}\right) \ln\left(\frac{Y_i/S_i}{Y/S}\right) \quad (i = 1,2,3) \tag{3-6}$$

式中，TL 表示泰尔指数，Y、S、Y_i 和 S_i 表达的内涵与公式（3-4）和（3-5）相同，n 表示产业部门个数。郑若谷等（2011）认为使用泰尔指数既"保留了结构偏离度的理论基础和经济含义"，也"考虑了产业的相对重要性并避免了绝对值的计算"。笔者认为，就分析需要而言，使用该种方法，虽然降低了总偏离度对低份额产业大幅变化反应，但当某产业的偏离指数为负的情况下，对整体偏离度抵消造成的偏离系数被低估的问题并没有很好地解决。本文将公式（3-4）与（3-6）相结合，并引入绝对值概念，计算总偏离度的公式如下：

$$E = \sum_{i=1}^{n} \left(\frac{Y_i}{Y}\right) \left| \frac{Y_i/S_i}{Y/S} - 1 \right| = \sum_{i=1}^{n} \left(\frac{Y_i}{Y}\right) \left| \frac{Y_i/Y}{S_i/S} - 1 \right| \tag{3-7}$$

为更准确反映出要素的配置方向，在计算要素总偏离度时，使用公式（3-7），在计算某单一产业的偏离度时仍使用公式（3-4）。使用以 1978 年为基期的第三产业总量和资本存量数据计算，得到劳动力就业和资本存量配置的结构偏离度，结果如表 3-7 所示。

表 3-7　劳动力就业和资本存量结构偏离度

年份	劳动力就业结构偏离度				资本存量结构偏离度			
	合计	第一产业	第二产业	第三产业	合计	第一产业	第二产业	第三产业
1978	1.25	-0.60	1.77	0.96	3.23	10.86	-0.16	-0.41
1979	1.22	-0.60	1.74	0.91	2.99	10.14	-0.12	-0.43
1980	1.26	-0.63	1.79	0.81	2.47	9.19	-0.04	-0.47

续表

年份	劳动力就业结构偏离度				资本存量结构偏离度			
	合计	第一产业	第二产业	第三产业	合计	第一产业	第二产业	第三产业
1981	1.20	-0.62	1.69	0.83	2.58	9.44	-0.05	-0.46
1982	1.16	-0.61	1.59	0.91	2.69	9.63	-0.05	-0.46
1983	1.12	-0.61	1.54	0.88	2.71	9.98	-0.01	-0.46
1984	0.99	-0.60	1.36	0.72	2.78	10.44	0.01	-0.46
1985	1.00	-0.64	1.35	0.70	2.48	10.21	0.09	-0.46
1986	0.96	-0.65	1.25	0.71	2.46	10.63	0.11	-0.45
1987	0.97	-0.67	1.26	0.68	2.35	10.78	0.12	-0.44
1988	0.99	-0.69	1.29	0.66	2.16	10.67	0.15	-0.43
1989	1.03	-0.70	1.37	0.68	2.27	11.36	0.14	-0.43
1990	1.02	-0.69	1.38	0.64	2.56	12.57	0.13	-0.43
1991	1.07	-0.71	1.46	0.58	2.32	12.09	0.16	-0.44
1992	1.10	-0.73	1.54	0.47	2.03	11.32	0.20	-0.45
1993	1.10	-0.75	1.56	0.34	1.81	10.73	0.25	-0.46
1994	1.11	-0.76	1.62	0.20	1.70	10.62	0.30	-0.48
1995	1.11	-0.76	1.63	0.09	1.67	10.77	0.34	-0.50
1996	1.09	-0.77	1.61	0.03	1.64	10.87	0.37	-0.51
1997	1.09	-0.78	1.61	0.03	1.55	10.55	0.41	-0.51
1998	1.12	-0.79	1.65	0.02	1.49	10.14	0.45	-0.52
1999	1.16	-0.80	1.71	0.02	1.33	8.75	0.49	-0.52
2000	1.20	-0.81	1.79	0.01	1.19	7.65	0.52	-0.52
2001	1.22	-0.82	1.82	0.02	1.09	6.84	0.53	-0.51
2002	1.30	-0.83	1.95	0.00	1.00	6.10	0.54	-0.51
2003	1.34	-0.84	1.97	-0.04	0.91	5.33	0.55	-0.51
2004	1.29	-0.84	1.86	-0.08	0.85	4.79	0.54	-0.51
2005	1.20	-0.84	1.72	-0.10	0.77	4.12	0.52	-0.50
2006	1.11	-0.85	1.58	-0.12	0.68	3.43	0.49	-0.48
2007	1.02	-0.85	1.43	-0.11	0.60	2.66	0.47	-0.47

年份	劳动力就业结构偏离度				资本存量结构偏离度			
	合计	第一产业	第二产业	第三产业	合计	第一产业	第二产业	第三产业
2008	1.00	− 0.86	1.40	− 0.13	0.57	2.35	0.46	− 0.46
2009	0.98	− 0.86	1.36	− 0.15	0.53	1.99	0.44	− 0.45
2010	0.96	− 0.86	1.31	− 0.17	0.51	1.72	0.45	− 0.45
2011	0.94	− 0.86	1.26	− 0.20	0.48	1.31	0.43	− 0.45

2. 劳动力就业的结构偏离分析

根据表3-7，总体上看，劳动力就业的总结构偏离系数并未表现出明显的上升或下降趋势，主要是在1～1.4的区域内波动，但是从2003历史最高点1.34开始持续回落，并在2011年达到0.94的历史最低点。其总体波动与第二产业基本同步。

（1）第一产业的结构偏离

分产业看，第一产业的劳动力就业结构偏离系数持续为负，其绝对值在1984年之后，有不断增大趋势。根据偏离系数的经济学含义，不断扩大的负的结构偏离系数，可以理解为第一产业劳动生产率小于全社会平均劳动生产率，且与社会平均劳动生产率的差距在逐渐拉大。也就是说，中国第一产业劳动生产率改善速度慢于其他两个产业的劳动生产率改善速度。郭军华等（2010）认为造成第一产业劳动生产率低的主要原因是就业人口平均受教育程度相对较低，接受新技术新观念较慢，新技术的普及和新经营方式的创新都存在障碍，在生产上，农产品产量的增加仍然主要依靠农药化肥等投入量的增加，导致第一产业总体效益不高。高保周（1997）、王培先（2003）、陈瑛等（2012）等对中国农业的规模经营情况进行研究后，认为当前中国以户为单位的小农经营模式，导致没有足够资金进行大规模的现代化投资升级农业基础设施，更不能使用先进农机具进行规模化生产，加上长时间以来国家在农田水利基础设施投入的严重不足，导致农业对自然灾害等缺乏必要的抵抗力，只能通过大量投入劳动来弥补，这些是农业劳动生产率较低的主要原因。这一结论能够得到国家统计方面的支持。根据国家统计局公布的数据，截至 2012 年底全国有效灌溉面积为 6303.6 万公顷，仅占全国农作物播种面积的 38.6%，对农业的固定资产投资占比不到全部的 3%。另外，务农收入不高导致大量受到高等教育的农村出生的大学生不愿回到农村务农，高素质的人才因此外流，更加剧了农村高素质劳动人才紧缺的状况。谭友林 （2001）、高帆 （2007）、汪小平 （2007）、袁志刚和谢栋栋 （2011） 等学者对劳动力错配问题的研究支持了上述观点。

根据上述问题，学者们认为无论是从效率改善的角度还是保障国家粮食安全的角度，都需要国家从制度层面进行彻底改革。一方面，要加速农村普通劳动力转出，提高农业集中度和规模化水平，同时，要加强对务农农民的教育培训工作，提高劳动者素质；另一方面，要加大对农业的投资力度，完善农田水利等基础设施，提高农业生产的机械化和现代化水平，并建立一个保障长期持续投入的有效机制。就目前来看，国家已经在这方面做了一些工作，比如，取消了农业支持工业的政策，免除了多项涉农税收，增加了务农补贴，加大了对农田水利、高标准粮田等基础设施建设投资力度，制定农技推广计划等。但是，总体上看力度还不够大，相对于第二、三产业来说，第一产业的效率改善还不明显。

（2）第二产业的结构偏离

第二产业的劳动力就业结构偏离系数数值持续高于第一、三产业和全社会平均偏离系数数值，与劳动力就业结构的总体偏离系数变化趋势基本一致，在 1.25～1.97 的高位波动。1.97 的最高点出现在 2003 年，1.25 的最低点出现在 1986 年。从 2003 年开始，偏离系数出现了持续回落的趋势。根据偏离系数的经济学含义，第二产业持续高于第一、三产业的正的结构偏离系数说明，第二产业的劳动生产率是最高的，在要素配置上应该是劳动力大量转入的行业。因为，只有这样才能最大限度地提升全社会总产出，获得最大的社会效益。但是对比前文中劳动力产业间就业变化发现，虽然第二产业劳动力就业量持续增加，占比不断提升，但无论是增加的数量还是占比提升的速度，都低于劳动生产率相对较低的第三产业。从第一产业转移出去的劳动力中，仅有约1/3转入了第二产业。对于这种劳动力的次优配置现象，戴天仕和徐现祥（2010）、董直庆、戴杰等（2012）进行了解释，认为我国的当前工业行业所发展的技术，以资本体现型技术进步为主，或者称为偏向资本密集型的技术进步，而且这个现象呈现越来越严重的趋势，导致第二产业单位资本对劳动力需求的绝对下降。谭友林（2001）、蔡昉（2003）等研究认为工业领域进入的技术壁垒也妨碍了劳动力的最优配置。他们指出第一产业转移出来的劳动者多缺乏专业技能，只能从事对技术或知识要求不高的行业，工业的技术门槛将许多从第一产业转移出来的劳动者挡在了门外，而第三产业中的餐饮等传统服务业对于劳动者的技能等要求较低，成为劳动力转移的首选。上述解释与本书前面分析中提到的中国所采取的优先发展资本和技术密集型的重工业形成了印证。另外，一些学者认为，作为劳动力的新生代的90后年轻人自我意识增强，就业观念发生了很大变化，更愿意到环境好、工作强度相对较小的第三产业就业，也是一个重要原因。

（3）第三产业的结构偏离

第三产业的劳动力就业结构偏离系数呈现波动下降的趋势，在2002年达到0后，继续下降成为负数，且负数的绝对值不断增大，显示了第三产业劳动生产率相对于社会平均劳动生产率持续下降的趋势。张建升和谭伟（2011）认为，从长期来看，服务业劳动生产率增长的相对滞后不利于就业的增长。对于这种现象，学者们目前的研究形成了三类解释。

第一类解释认为是中国当前的经济体制机制造成的。陈艳莹等（2008）研究在这类研究中具有代表性。他们指出中国政府对经济过强的控制力，是制约高端服务业发展的重要因素。他们认为，政府对金融、保险等高端服务业的准入限制，限制了高端服务业的发展和规模的壮大，致使高端服务业发展严重不足，在服务业中的占比过小。根据中国社科院发布的 2011 年"金融蓝皮书"，2009 年发达经济体的金融服务业占比 20% 以上，而根据国家统计年鉴公布的数据，截至 2012 年底中国金融业占比 GDP 仍然不到 6%。低端服务业占比过大，拉低了服务业总体劳动生产率水平。Mattoo 等（2001）的研究成果也支持了这个观点。

第二类解释认为是统计方面的原因。这类观点认为服务业本身的一些特点，造成在统计上的困难，许多原本应该纳入统计范围的却被漏统，结果造成服务业总量被严重低估。岳希明和张曙光（2002）、许宪春（2000）等学者对此做了比较详细的论述。

第三类解释认为中国的服务业开放度不够，造成行业内缺乏竞争。LO 等（2009）、刘志彪（2011）、张平和余宇新（2012）的研究比较有代表性。他们认为，中国的制造业已经全面融入全球价值链之中，在世界范围内与国外企业展开了全面竞争，效率提升较快，但服务业尤其是金融等服务业，垄断排他性较强，满足于获得垄断利润，并没有融入全球价值链，更没有在世界范围内与同行展开全面竞争，所以本身效率提升较慢。这一观点与第一类观点内容相似，只是解释的角度不同。该观点目前较为流行。

笔者认为上述原因均不同程度存在，但更主要的原因是，从农业部门转入服务业的劳动力自身知识水平不高，就业以传统服务业为主，对效率较高的高端服务业发展并没有起到太多的推动作用，所以，这些劳动力转移所推动的多是生产率较低的服务业，对于第三产业的劳动生产率增长不但没有起到支持作用，反而形成了下拉。但是，从全社会劳动生产率改善来说，劳动者从劳动生产率更低的第一产业转入较高的第三产业，仍然有利于全社会劳动生产率的提升，因此大力发展服务业加速劳动力从第一产业转向第三产业仍然具有非常重要的意义。谭砚文等（2007）对服务业劳动生产率和经济增长关系的研究支持了上述观点，并提出了同样的建议。

综上所述，虽然我国目前的劳动力就业总体的结构变化并没有完全表现出"库兹涅茨事实"的规律变化，但也部分地表现出其规律性的变化特征，即第一产业劳动力就业单调减少，第二、三产业劳动力就业单调增加。目前，中国仍然处于劳动力就业从第一产业向第二、三产业转移的阶段，劳动力就业的转移方向总体上符合要素从低效率部门向高效率部门转移的经济规律。另外，根据库兹涅茨（Simon Kuznets，1957）对 59 个国家劳动力就业结构变动的研究，当人均 GDP 从 300 美元上升到 500 美元时，劳动力就业的结构偏离度平均降低 13.8%；当人均 GDP 从 500 美元上升到 1000 美元时，劳动力就业的结构偏离度平均降低 13.4%。这项研究结果说明，一方面，劳动力就业结构与产业结构的偏离是一个普遍存在的现象，另一方面，这种偏离会随着经济的发展和劳动力不断从生产率较低的行业向生产率更高的行业流动而不断缩小。从我国结构变化总体情况看，1978～2011 年，按不变价格计算的中国人均 GDP 上升了 14 倍，结构偏离度仅降低了 23.2%。从结构偏离度的整个发展变化过程上看，这种降低似乎主要表现为波动，没有表现出明显的趋势。但是分阶段来看，从 2003 年结构总体偏离系数从 1.34 的历史最高点开始持续回落，而且突破了1986 年形成的 0.96 的最低点，似乎表现出了一定的趋势性。

笔者认为，劳动力就业结构偏离度没有出现明显的下降趋势，劳动力因各种原因不能跨部门自由流动应该是重要原因。另外，现实中有两个现象值得注意，一方面，大量拥有高学历的高等院校毕业的本科、研究生难以找到合适的工作，大量大学生毕业即面临失业；另一方面，具有一定专业技能的青壮年劳动力供不应求，而高端的技术人员更是存在较大的需求缺口。这说明目前劳动力的供给结构与产业发展对劳动力的需求结构之间存在一定程度的不匹配，这或许与中国的教育培训体系相对僵化、不能适应经济社会发展需要有关。从这方面来看，教育体系的配套改革也势在必行。

综合分析认为，影响劳动力就业的除了户籍、部分行业垄断等体制机制因素外，还与经济发展同人力资源培养没有得到很好的结合有关，其造成现有劳动力的知识结构与产业发展需求结构严重不符，提高了劳动力的跨部门流动成本，导致中国人力资源优势没有得到很好发挥，劳动力配置对经济增长贡献不高（高帆，2007）。对此，中国需要加快推进经济体制改革，在放宽行业准入的同时，结合产业发展特点增加职业技术培训的投入，促进劳动力更多地向第二产业转移，获得更大的"结构红利"。

3. 资本存量的结构偏离分析

与劳动力就业结构偏离度指数变化不同，资本存量的结构偏离度指数从1978年的历史最高点3.23下降到2011年的0.48，下降趋势非常明显，表现出资本总体配置结构的合理化趋势。从内部看，形成偏离系数持续下降的主要原因是第一产业的结构偏离度大幅回落，而在此过程中，第二、三产业的贡献不大。

（1）第一产业的资本存量结构偏离分析

第一产业的资本存量结构偏离系数持续为正，且远高于第二、三产业。1978～1997年，其偏离系数在9～13的区间内水平波动；

从 1998 年开始，表现出明显的单调快速下降趋势，平均每年约下降 0.7 个百分点。但截至 2011 年，其偏离系数仍明显高于第二、三产业。根据偏离系数的经济学含义，说明第一产业的资本生产率在初期远高于第二、三产业和全社会平均资本生产率。计算发现，1978 年第一产业的资本生产率分别为第二、三产业的 14 倍和 20.4 倍。随后，虽然第一产业资本生产率持续回落，但仍然处于较高的水平，这似乎与农业发展相对落后的生产状态不相适应。但是结合资本生产率的计算公式（产出/资本）和第一产业发展的特点，笔者认为，造成第一产业资本生产率奇高的主要原因是长期以来第一产业投入的严重不足，导致资本积累非常低，1978 ~ 2012 年第一产业资本存量占比从未超过全部的 2.5%，农业的增产主要依靠劳动力等其他要素投入的增加，在分母极低且增长缓慢的情况下，形成了较高的资本生产率，这与农业部门是否使用了先进设备或先进技术没有关系。

温涛等（2005）、朱喜等（2006）等学者研究发现，从 1978 年至今，中国农业生产投入的主要来源仍然是农民和国家，具有较强经济实力、以投资赚取收益的企业，因土地的所有权以及农业基础设施投资规模大、见效慢等原因，很难主动对农业进行投资，而农民因自有资金有限，仅能对农业生产设施进行低水平的修修补补，无法进行大规模的改善生产环境的投资；长期以来中国政府执行的"农业支持工业"的发展战略，导致国家不仅对农业投入极少，还通过农产品与工业品的"剪刀差"等方式从农业抽取资金，造成了长期以来农业投入的严重不足，形成较多的欠账。同时，在以精耕细作的小农生产为主的经营模式下，大量劳动的投入支撑了农业产出的增加，尤其是在国家实施了家庭联产承包责任制后，农民生产积极性提高，有效劳动投入增加，推动产出增长，一定程度上造成农业的资本生产率居高不下。

1997 年以后，国家明确了"工业反哺农业"的指导思想，尤其是最近几年中国政府将农业生产提高到国家战略高度，对解决"三农"问题、改善农业生产条件空前重视，不断加大对农田水利等农业基础设施的资金投入，实施了对农民购置农机的补贴等支农惠农政策，农业资本存量迅速增加，农业的资本生产率才出现了明显的下降趋势。第一产业资本存量占比在 1998 年达到最低点的 0.95% 后，逐年稳步提升，截至 2012 年末，其资本存量占比已经恢复到 2.29% 的水平。但这个比例相对于第一产业 5.11% 的GDP 产出占比来说，仍然过低，这就造成第一产业的资本生产率是第二产业的 1.87 倍、第三产业的 4.88 倍。所以，继续加大对农业的资本投入，对农业土地制度进行必要的改革提高土地集中度，推动农业生产经营方式转变等，推动并吸引资本向第一产业流动，将能够带来全社会资本生产率的改善。

（2）第二产业的资本存量结构偏离分析

第二产业的资本存量结构偏离系数以 2003 年为分界点，表现出两种变化趋势。2003 年以前，保持了由负到正、波动上升的趋势。从 1978 年的 -0.16 上升到 2003 年 0.55 的最高点。2003 年以后开始连续小幅回落，2011 年下降到 0.43。偏离系数由负转正并持续走高，似乎说明第二产业的资本生产率在经济增长过程中得到了不断的提升改善。但是，对资本生产率变化情况分析发现，这种结构偏离系数由负到正并持续拉大的过程，并没有伴随资本生产率的持续上升。1994 年以后，全社会资本生产率出现整体下降的情况，2001 年以后第二产业的资本生产率也开始下降，只是降速相对更慢。张军（2005）认为，下降主要是由中国投资过快增长，经济社会过早开始资本深化造成的。张军指出，这种过早的资本深化会在边际报酬递减规律的作用下降低整体经济效率，使要素驱动型经济增长放缓。按照结构偏离系数的经济学含义，此时仍然能够通过资本从第二产业向第一产业转移改善全社会的资本生产率。但是这样的情况并没有发生，因为虽然第二产业资本存量占比持续下降，但第一产业的资本存量份额在 1998 年以前也一直是下降的，即使在 1998 年以后出现了回升，回升幅度也远小于第二产业占比下降的幅度。反而是偏离系数持续为负的第三产业的资本存量占比不断上升，表现出了资本的逆向配置。这或许与当时国家进行大规模的基础设施建设，以投资拉动经济增长的宏观经济政策有关。对于 2003 年以后出现的资本生产率下降，童长凤（2012）也得出了同样的结论，并把主要原因归结为中国投资主导的经济增长模式。结合前文对经济增长的分析，笔者认为中国这种不顾效率拉动投资的做法，造成工业低水平扩张，拉低了第二产业资本生产效率，这也在一定程度上解释了资本效率下降的同时资本存量的占比却提升的现象。

（3）第三产业的资本存量结构偏离分析

第三产业资本存量的结构偏离系数持续为负数，从 2000 年开始绝对值逐年变小的趋势。从经济学意义上看，持续为负数说明第三产业的资本生产率小于全社会平均资本生产率，应该是资本的流出领域。从转出方向看，第三产业的资本首先应该流向第一产业，其次是第二产业。但这种情况并没有发生，反而是在 1978～2002年，出现了明显的资本逆向配置。

对于第三产业资本生产率持续低于全社会平均资本生产率的原因，笔者认为有以下几个。一是中国服务业发展严重滞后。谭洪波等（2012）指出，在经济高速增长过程中，本应属于"进步部门"的生产性服务业对整体服务业的 TFP 增长贡献不足，在生活服务业发展严重滞后的拖累下，中国服务业的 TFP 增长率几乎为零。二是金融、电信等高端服务业投资的动态无效率。夏杰长等（2010）认为，国家在高端服务领域的垄断造成了上述问题。

他们研究指出，要改变中国服务业投资动态无效率的问题，必须从改善资本配置、打破服务业领域垄断的体制障碍等环节着手。三是国家出于改善生产生活环境的需要以及投资拉动的需要，对铁路、公路、水库等公共基础设施投入力度的不断增加，而这些基础设施本身并不直接产生产出，造成第三产业的平均资本产出比不断下降。根据国家统计局公布的数据，2012 年中国仅在铁路、公路等交通运输业的基础设施上实际完成投资 3.1 万亿元，占全社会固定资产投资的 8.3%，而在 2010 年以前这一比例都在 10%以上。

综上分析，导致资本存量结构偏离系数的逐步下降的主要原因是，第一产业在 1998 年以后在国家加大投入力度的带动下，资本存量结构偏离系数从高位持续大幅下降所致。分行业看，第二、三产业资本存量结构偏离系数变动非常小，尤其是第三产业资本存量结构偏离系数在小于零的区间上下波动，2000 年以来虽然出现了改善的趋势，但并不明显。如单独考虑第二、三产业的资本存量结构偏离系数，资本配置的总体偏离度反而可能会呈现扩大的趋势。将资本的生产率变动情况与资本存量的占比情况进行对比，我们发现资本逆向配置的现象明显。出现资本逆向配置，很大程度上应该归因于体制机制的原因，即国家利用对要素分配的掌控权和对相关企业的影响力不断加大对第二、三产业投资力度。

（二）要素配置结构变迁的效应分析

从对资本和劳动的结构偏离分析来看，在中国投资主导的经济增长模式下，要素配置的变化趋势既有合理化的一面，也有偏离平衡的倾向，但是这些结构变化对经济增长的总体效果是结构红利还是结构负债，需要进一步的分析。当前，讨论结构变化影响的方法很多，其中比较常用的一种是偏离份额分析法（Shift-Share Analysis），运用该方法进行分析不但快捷，而且分析结果相对准确，能很好地反映结构红利的变化情况。

1. 偏离份额分析法

该方法最早由 Daniel（1942）和 Creamer（1943）分别提出，最初主要用在地理、规划、区域学科。随后，Perloff、Lampard、Muth 等学者在 20 世纪 60 年代对其进行了发展和完善，20 世纪 80 年代初 Dunn 对各种完善方法进行了总结，形成了现在普遍采用的形式。

偏离份额分析法通常将要素生产率的增长分解为由要素结构变化引起的增长和由产业部门内部技术进步、管理改善等效率提升引起的增长。其中，结构变化引起的增长又被分解为要素的静态转移效应和动态转移效应，基础计算公式如下。

$$g = \frac{G_t - G_0}{G_0} = \frac{\sum_{i=1}^{3} G_{i0}(S_{it} - S_{i0})}{G_0} + \frac{\sum_{i=1}^{3} (G_{it} - G_{i0})(S_{it} - S_{i0})}{G_0}$$

$$+ \frac{\sum_{i=1}^{3} (G_{it} - G_{i0})S_{i0}}{G_0} \qquad (3-8)$$

公式中，g 表示要素生产率的增长率，G 表示某要素的全社会平均生产率，下标 0 表示起始期，t 表示 t 期末，i 表示某产业或部门，S_i 表示生产要素第 i 产业或部门的全社会占比。

公式右边第一项表示的是要素的静态结构变迁效应，它主要度量在部门生产率不变的情况下，要素从某一产业部门向另一产业部门转移所引起的总体要素生产率的净变化，即由于要素配置的纯粹的结构变动所带来的生产率的变化。这种变化因要素的配置方向不同而不同，如果要素从低生产率部门转入高生产率部门，则该份额变化值就大于 0，反之则数值小于 0。生产率相差越大，静态结构变迁效应也就越大。

公式第二项表示的是要素的动态结构变迁效应，它度量了要素从某一行业或部门向另一行业或部门转移过程中，因部门生产率的提升所带来总体生产率的提升，它表现了要素配置结构和生产率变化综合作用的动态结果。如果要素向生产率提升较快的产业或部门配置，则该部分计算结果就大于0，说明要素的动态结构变迁效应有利于经济增长；反之则小于0，说明要素的动态结构变迁效应不利于经济增长。

第三项表示的是在要素配置结构不变的情况下，产业自身要素生产效率的变化所产生的增长效应。它主要度量的是在产业结构不变动时，各产业或部门因自身要素生产率的改善对经济增长的推动效应。理论上该项数值应该大于0，即某产业的要素生产率不可能出现下降。但这并不绝对，某些产业的要素生产率因闲置率提高等原因而出现下降的情况也时有发生。

上述公式中前两项之和度量了要素的产业结构变化的生产率增长效应，即结构效应，最后一项则反映的是增长效应。

对偏离份额分析的传统模型最重要的批评，首先是模型在时间分析方面的局限性，主要是该方法度量的是一段时间内结构的变化情况，不能反映出随时间的变化情况；其次是不能对形成原因进行判断，如果想要解释其中的原因，需要利用其他经济计量模型做进一步分析；最后是对其预测能力的质疑。

针对传统模型中存在的缺陷，Thirlwall（1967）、Esteban Marquillas（1972）、Nazara 和 Hewing（2004）等众多学者根据研究需要，通过不同方式，对模型的应用进行了修正拓展，但除了第一项批评基本解决外，对后两项批评的解决方案仍在研究探讨之中。就本节而言，主要目的是考察要素结构变化对要素生产效率或者经济增长的影响情况，因此采用传统方法已能够满足分析需要。

2. 结构变迁效应的测算分析

利用公式（3-8）分别对劳动生产率和资本生产率进行分解，分别计算出总体的和按年分解的三次产业的劳动生产率和资本生产率的静态结构变迁效应、动态结构变迁效应和生产率增长效应。表 3-8 报告了劳动和资本的生产率增长分解结果。

表 3-8　结构变迁效用

单位：%

	1978~2011 年	劳动的结构变迁效应					资本的结构变迁效应				
		总计	结构效应			产业内增长	总计	结构效应			产业内增长
			合计	静态结构	动态结构变迁			合计	静态结构	动态结构变迁	
绝对值	列加总	1232.8	551.3	65.7	485.6	681.5	-25.4	-7.4	-5.8	-1.6	-18.0
	一产	36.5	-66.4	-14.3	-52.1	102.9	-24.7	-0.6	-3.3	2.7	-24.08
	二产	839.4	367.0	33.8	333.2	472.5	1.8	-11.3	-8.9	-2.4	13.18
	三产	356.8	250.7	46.2	204.5	106.2	-2.6	4.5	6.4	-1.9	-7.11
	1978~2011 年	劳动的结构变迁效应					资本的结构变迁效应				
		总计	结构效应			产业内增长	总计	结构效应			产业内增长
			合计	静态结构	动态结构变迁			合计	静态结构	动态结构变迁	
贡献率	列加总	100.00	44.72	5.33	39.39	55.28	100.00	29.21	22.75	6.46	70.79
	一产	2.96	-5.38	-1.16	-4.23	8.34	96.96	2.31	12.94	-10.64	94.65
	二产	68.09	29.77	2.74	27.03	38.33	-7.19	44.60	34.97	9.62	-51.79
	三产	28.95	20.33	3.75	16.59	8.61	10.23	-17.70	-25.17	7.47	27.93

从绝对值上看，劳动的生产率增速为正值，意味着劳动生产率是持续增加的；而资本的生产率增速为负值，意味着资本的生产率是下降的。劳动力就业的结构效应和技术进步总效应都是正值，说明结构的变迁和技术的进步都推动了劳动生产效率的提升；而资本的结构效应和技术进步效应都为负值，说明资本在配置结构上出现了逆向配置，而且总体使用效率因出现了资本闲置而出现了下降。从贡献率来看，无论是资本还是劳动，产业内生产率的变化对总体生产率的变化影响大于结构变迁的影响，说明改革

开放以来，中国要素生产率变化的动力主要来自产业内部使用效率的变化。

从劳动来看，产业内部使用效率的改善对劳动生产率增长的贡献率达到了 55.28%，尤其是第二产业，从 1978 年到 2011 年，产业内的劳动生产率提高了 472.5%，对劳动生产率的贡献率达到 38.33%。劳动力从低生产率水平的产业转移到高生产率水平产业的静态转移效用对生产率的提升作用有限，从 1978 年至 2011 年推动劳动生产率提升了 65.7%，贡献率仅 5.33%。而劳动力从生产率增长低的行业向劳动生产率增长高的行业转移的动态转移作用明显，从 1978 年至 2011 年推动劳动生产率提高了 485.6%，对生产率提升的贡献率达到 39.39%。虽然劳动力在产业间转移的总体贡献小于产业内生产率提升的贡献，但是仍然达到了 44.72%，说明伴随着劳动力的转移，确实为生产率的提升带来了"结构红利"。就转移方向而言，从静态来看，劳动力应该从第一产业向第三产业转移最有效，但从生产率提升的动态速度看，劳动力从第一产业向第二产业转移最有效，因此仍有通过劳动的产业结构调整继续改善效率的空间。但无论如何，劳动力从第一产业向第二、三产业的转移均带来了其生产效率的改善。

从资本来看，其产业的流动配置不仅没有促进生产率的提升，反而抑制了其增长。其表现出来的效率改善全部来自第二产业内部。而导致资本指标恶化的主要原因业是其产业内部总体生产率的下降。资本产业内部使用效率下降对总体生产效率下降的贡献率达到了 70.79%，其中第一产业资本生产率下降最为明显，从 1978 年到 2011 年，带动总体资本生产率下降了 24.08%，对资本生产率下降的贡献率达到 94.65%，是造成资本生产率总体下降的主要力量。张军等（2004）研究发现 20 世纪 90 年代初以后，中国经济就开始表现出资本—产出比例的上升趋势，即资本生产率的下降。对此，吴敬琏（2005）等学者认为资本生产率的下降是在中国投资主导的经济增长模式下，持续的高投资导致资本积累加快造成的，并认为这种"过早"的资本深化会带来诸如环境恶化、就业容量降低、能源紧张等多种负面影响。从目前我国经济发展中表现出的问题来看，上述结论都得到了验证。童长凤（2012）通过对1978～2009年资本生产率的考察，也得出"中国的高投资增长模式导致了资本生产率指标的日益恶化"的结论，并认为这种恶化"对中国经济的可持续发展形成了重大挑战"。在分析高投资形成原因时，谭燕、陈艳艳、谭劲松（2011）认为，中国的政治体制和货币政策为低效率资本在收入分配中获得较大份额提供了保障，因此进一步吸引了投资进入，推动了高投资的长期持续。结合前文的分析，笔者认为上述学者的分析是符合中国当前发展实际的。

从结构上看，资本的结构变化对生产率并没有带来正的提升效应，而是带来了负的效果，其负面作用的贡献率也非常明显，达到了29.21%，其中贡献最大的，是从高生产率部门向低生产率部门进行资本转移的静态结构转移效用，即资本静态的逆向配置，对资本生产率下降的贡献率达到了22.75%。从转移方向上看，这种逆向配置主要表现在从第一产业向第二产业的转移。Peneder（2002）称这种转移效应为负的情况为"结构负利假说"。资本配置出现这种"结构负利"现象并不奇怪。从前文中对资本存量结构的变化和生产率水平及其变化的考察中我们就已经发现，中国资本的转移并不是遵循由低生产率产业向高生产率产业转移的规律。

结合前文的分析，笔者认为出现这种现象并非偶然，它与当前中国的经济体制改革和政治体制改革不到位，造成所有制歧视和分配不合理等有着密切的联系。Allen等（2005）、Dollar和Wei（2007）、邵挺（2010）等学者研究指出，虽然国有企业的资本回报率远低于其他所有制企业，但是由于制度上的所有制歧视，其能够以极低的成本甚至是零成本轻易获得大量资金支持，而这种公有制与非公有制经济间融资能力方面的差异已经达到了 3 倍。该观点能够很好地解释资本的逆向配置问题。从行业内部看，中国第一产业以个体小农经营为主，国有农场占比非常低，行业很难获得足够的发展资金，而资本生产效率相对较低的第二产业中，国有企业集中，行业发展资金相对充裕。所以，出现资本的逆向配置不可避免。

综上，要改变上述不合理现象，笔者认为首先要深入推进金融体制改革，加快金融体系的市场化进程，使资本能够按效率原则在产业之间和所有制之间进行自由配置；其次要推进国有企业改革，解除国有企业在生产经营中的一切与市场经济相违背的特权，使其不能再通过非市场手段获得高额资金和收入；最后，也是非常重要的就是要打破行业垄断，破除要素的跨行业自由流动障碍。

（三）相关结论

本章结构分析发现，改革开放以来，劳动力就业结构调整适应生产结构变化趋势明显，合理化倾向符合市场规律。在进一步的对劳动生产率分解中发现，虽然产业内效率的提高对生产率改善的贡献最大，但劳动力的合理流动也是推动劳动生产率提高的重要源泉，其中动态配置效应，即劳动力从生产率增速低的部门向生产率增速高的部门转移的效应最为明显，验证了中国存在劳动"结构红利"的假说。

虽然资本总体偏离系数呈现比劳动偏离系数更为明显的下降趋势，但是分行业看，这种下降主要是由第一产业的偏离系数从1978 年的 10.86 下降到 2011 年的 1.31 造成的，而第二产业和第三产业的结构偏离系数绝对值相对于 1978 年来说不但没有缩小反而扩大了，说明相对于 1978 年来说，第二、三产业的资本配置结构更加不合理。在运用偏离份额分析法对其生产率增长进行分解时，发现资本的产业配置出现了逆生产率的反向配置趋势，从而支持了资本要素配置结构不合理加剧的现象。结合李扬等（2005）、汤向俊等（2011）、李静等（2012）等众多学者对资本生产效率和回报率的分析，我们发现当前我国金融领域的国家管制导致的低效率和信贷所有制偏好，是造成资本逆向配置和资本效率指标恶化的主要原因，也是形成当前超高投资率的重要因素，已经成为妨碍我国经济整体发展的重要"瓶颈"。陈德球等（2012）学者研究证明，政府可以通过提供良好的公共治理改善资本配置效率。

同时，虽然劳动结构总体表现出优化趋势，但第一产业偏离系数的绝对值表现出明显扩大倾向，加上资本的第二、三产业偏离系数绝对值的扩大都证明，虽然我们在建立市场经济体制方面进行了不少创新改革，要素自由流动的约束有所放松，但要素错配现象仍然严重，在某些领域甚至有些矫枉过正，市场在资源配置方面的作用仍然没有得到完全有效发挥。这验证了对中国经济社会发展 30 多年的一个基本共识：社会主义市场经济体制已经基本建立，商品市场已经基本实现了市场化，但是，包括劳动力市场、资本市场等在内的要素市场还存在不少制度上的障碍，需要加大改革力度。另外，我们也可以认为，当前的要素的错配对经济增长效率的扭曲程度有多大，就意味着未来中国通过经济体制改革所能够带来的经济增长的红利有多大。

另外，前文的分析中劳动生产率和资本生产率的变化趋势的不同，说明劳动或资本的生产率只能衡量特定要素的投入产出情况，并不能全面表现中国经济社会生产率总体的变化情况。由于要素之间的相互可替代性，当一种生产要素投入增加替代另一种要素时，在总产出不便的情况下，被替代要素的生产率仍然会被动地提高，而即使是总产出有所增加，主动替代的要素生产率仍有可能下降。所以，单要素生产率仅仅反映的是某个要素的投入产出变化情况，或经济增长的某一方面，并不能作为衡量经济增长总体效果的评价。

第四章　中国投资主导的经济
增长效率

对于效率的研究是经济学研究的一个非常重要的方面，而生产率则被认为是效率研究中最重要的领域之一。鉴于目前研究效率的方法和文献资料非常丰富，同时，各种研究方法有各自的优点和缺陷，为避免因某种方法自身缺陷导致研究结果出现偏差，本章在对相关研究方法进行分析的基础上，批判吸收其研究成果，并进行总结归纳和对比研究。通过对国内外经济增长效率发展变化规律的分析，结合中国经济发展的趋势，为中国经济是否需要转型以及转型方向提供判断依据。

一　经济增长效率的经验研究

生产效率又称为生产率，表示为单位考察时间内"生产的产出与所需投入的比值"（蒂莫西等，2008）。在生产率的研究中，全要素生产率（TFP）通常被认为是与经济增长质量联系最为紧密的概念，其对经济增长的贡献大小经常被学者们作为判断经济增长质量高低的重要的甚至是唯一的依据。

（一）TFP 的定义

根据对生产率测算方法和角度的不同，通常将其分为单要素生产率（Single Factor Productivity，SFP）和全要素生产率（Total Factor Productivity，TFP）。单要素生产率又被称为偏要素生产率（Partial measures of Productivity），指单个投入生产的要素的产出效率，计算方法为总产出除以某要素的投入总量。传统经济学中的生产率通常是指单要素生产率。由于经济增长通常都是由众多投入要素共同驱动，使用某一种要素的 SFP 表示宏观经济运行的总体效率经常会产生以偏概全的偏差，特别是在某些情况下，因技术进步或者是要素的替代等原因，有可能出现某一种要素的投入量大量减少，而产出却大幅度增加，造成该要素的生产率大幅度上升的现象，这时以 SFP 代表总体经济增长的总体效率得出的结论就会缺乏说服力。在这种情况下，学者们倾向于使用能更加全面反映经济总投入和总产出关系的 TFP 指标。

需要指出的是，TFP 衡量的是经济体在某一时期内全部要素投入的综合生产水平或生产能力，是一个静态的概念。TFP 增长率则表示在一定时期内，全部投入要素综合产出的增加水平，是一个动态变化的概念。由于投入生产的各要素单位非常不统一，而且影响经济增长的因素千差万别，因此单位综合投入要素只能是指数，而对于 TFP 来说也很难通过直接的公式计算出来，通常是使用总产出增长率中扣除投入要素增加导致的经济增长后的余值的方法间接得出。需要注意的是，这里的"余值"所计算出来的并不是 TFP，而是 TFP 增长率。这一点非常重要，因为即使是在现在，有不少学者仍然错误地将 TFP 和 TFP 增长率两个不同的概念混为一谈，在做研究时，将"索洛残差"直接当作 TFP 分析经济体经济总体生产率水平，或在一些实证研究中直接将 TFP 指标代替 TFP 增长率分析宏观经济效率的动态变化情况，这显然是不合适的。

另外，学者们对 TFP 增长率的认识也存在一些分歧。部分学者认为，从概念上讲 TFP 增长率是扣除了影响经济增长的所有投入因素增长加权后的剩余部分，这些要素不仅指资本和劳动，而且包括制度改革、技术进步、工作培训、管理完善等，所以 TFP 所包含的是不被我们所认知或度量的未知因素的集合。他们指出，随着研究的深入和更多先进的研究方法被发明并使用，所有影响经济增长的因素将有可能被全部挖掘和辨识出来，所以，TFP 增长率的值将会最终趋于零 （Jorgenson 和 Griliches，1967）。这种说法有一定的道理，但是，一方面，这只是一种理想状态，很难真正做到；另一方面，学者们研究的目的不同，大部分的研究并没有将全部影响因素分离的必要。例如，本书是为了研究实物投入驱动的经济增长与可持续的非实物投入驱动的经济增长，因此使用"索洛余值"的概念，将 TFP 增长率明确为扣除劳动和资本两种主要要素投入增长后，所有其他要素投入变化所带来的生产效率的改善。根据该限定，通过研究 TFP 增长率发展变化趋势及其对经济增长贡献的变化，能够在一定程度上识别一个经济系统发展的可持续性：TFP 增长快对经济增长的贡献率就高，通常就认为经济系统的增长质量较高，经济增长就是可持续的；否则，经济系统的增长的质量就低，就是不可持续的。

（二）TFP 增长的国际经验

根据经济发展规律，处于不同发展阶段的经济体将呈现不同的特点，与之相对应，作为全面反映经济发展质量水平的 TFP，在不同的经济发展阶段也应该会呈现不同的阶段性特征。对发达经济体经济发展不同阶段上 TFP 所表现出的不同特征的研究，将有助于对中国经济发展质量做出判断并对未来发展方向等提供有益启示。

1. TFP 变动的一般趋势

索洛（Solow，1957）通过引入总量生产函数，并假定生产技术进步的希克斯中性，将美国 1909～1949 年的经济增长分解为资本、劳动和技术进步。通过余值法测算发现，技术进步对美国经济增长的贡献率达到80%。Solow所说的技术进步就是我们通常所指的TFP增长率。虽然Solow的这一测算结果受到质疑，其所使用的测算模型却成为世界银行、OECD等研究机构和众多学者用来探讨效率增长对经济增长贡献问题的最重要的工具之一。Denison（1974）对1929～1969年的美国TFP进行了重新测算，得出TFP增长对美国经济增长的贡献率是32%。随后许多学者运用不同方法对TFP进行了研究，虽然结果不同，但是TFP对经济增长的贡献率基本上都没有超过Solow的测算值。Jorgenson和Griliches（1967）认为当研究结果表示一个国家TFP对经济增长的贡献率过高时，很多情况是在告诉研究者，其对这个国家的投入要素衡量得不够准确或存在某些缺失计算，Solow的测算就存在对投入要素计量的误差过大的问题。

随后，众多学者采用各种方法对数据统计和测算模型进行了发展完善，并对不同经济体的TFP进行了研究。研究的结果发现，无论是从历史变化还是横向比较，各个发达国家的TFP水平变化都比较大。出现这种情况虽然与数据处理、测算模型的选择以及影响因素的选取和分解等主观因素有关，但经济体在不同阶段所具有的明显的阶段性特征及总体的发展变化趋势仍然能够被比较清晰地表示出来。综合学者们的研究成果，笔者认为发达经济体的TFP及其增长的规律主要有以下几个。

（1）经济发展水平越高，TFP水平越高。Maddison（1995）对美国、日本、法国、英国四个国家1890～2006年TFP的研究发现，TFP的水平是随着人均GDP的提高而提高的，并且经济的发展阶段越高，TFP的水平就越高。Jones和Romer（2010）对127个国家2000年的经济增长差异研究发现，TFP发展水平不同是各国人均GDP差异的主要原因，而且TFP水平与人均GDP之间存在明显的正相关关系。所以，在经济水平的提升过程中，TFP 水平的提升是一个重要的环节。

（2）TFP 发展有收敛的趋势。Maddison（1995）对美国、日本、法国、英国 TFP 增长的历史变化情况进行了对比，发现 TFP 水平越高的国家，其 TFP 的增长速度就越慢，TFP 水平越低的国家，其 TFP 增长速度越快，总体呈现收敛的趋势。但是这一观点受到不少学者的质疑，并列举了反面例子指出，按照这一结论，非洲贫穷国家的 TFP 增长率应该是全球最高的，但事实是这些国家与西方国家 TFP 发展水平是逐渐拉大而不是缩小的。笔者认为，出现这种情况与 Maddison 的研究结论并不矛盾。Maddison 研究的一个暗含的基本前提就是在和平环境中，这些国家的经济已经进入了经济腾飞或腾飞前的准备阶段，非洲贫穷国家在这些方面还有很多工作要做，而且其国内政局非常不稳定，对政治的关注超过了经济，因此这种对比并不能说明任何问题，对于正常稳定环境下发展的国家而言，TFP 的收敛规律应该还是适用的。Collins 和 Bosworth（1996）对拉丁美洲、撒哈拉以南非洲等几个区域的经济增长动力研究的结论证明了笔者上述观点。

（3）TFP 增长对经济增长的贡献通常会随着人均 GDP 的提高而提高。Moses（1993）在对美国 1800～1989 年经济增长推动力进行研究后指出，工业化初期，资本投入增加对经济增长的贡献较高，而随着经济逐步进入发展的成熟阶段，TFP 增长对经济增长的贡献将逐步增加，这一过程实际上就是我们通常所说的，经济增长实现了由粗放型向集约发展型转变。虽然论述过程及相关数据的测算方法受到一些学者的反驳，但就结论本身而言，大部分学者比较支持，许多学者的研究得出了相似的结论。

（4）资本积累是一国经济腾飞过程中的一个重要阶段。Hayami 在《发展经济学：从贫穷到富裕》中通过使用 Moses（1993）对美国经济史的研究成果，指出美国在 1800 ~ 1855 年和 1855 ~ 1890 年，TFP 增长对经济增长的贡献虽然明显，但其作用要远远小于单位劳动对应的资本增长带来的贡献，这充分说明，资本积累是美国工业革命初期经济起飞阶段经济增长的主要推动力量。Hayami 和 Ogasahara（1995）关于日本经济增长历程的研究也发现，在经济发展到一定阶段后，资本积累对经济增长的贡献才在达到某个高点后，开始逐步下降，而与之相对应的是，TFP 对经济增长的贡献逐渐提高，并最终相对稳定在某一水平，成为推动经济增长的主导力量。郑玉歆（1999）指出由资本积累增加带动的经济增长是多数国家实现经济腾飞过程中的一个必经阶段，同时这个阶段也是必需的，因为没有资本积累的快速增长，国家生产规模就无法实现快速扩张。

综上所述，主要发达国家的经济增长历程显示，在工业化早期阶段即经济增长的起步阶段，经济增长的主要源泉是实物资本投入的快速增长，在这一时期，商品市场规模迅速扩张，支持并鼓励了组织更大规模的生产，形成了大规模投资建设工厂的高峰和工业的快速发展，工业的发展带动了人口的集中和对城市基础设施投资的需求。随着工业生产规模的扩张和竞争的加剧，分工更加专业，技术进步等软实力在竞争中的地位逐步提高，研发能力、管理水平等软实力受到高度重视，并提升了 TFP 的总体水平和对经济增长的贡献水平（Hayami，1999）。同时，随着经济发达程度的提高，经济体的综合技术水平逐渐接近世界最前沿，技术进步的途径受到限制，自主的技术创新成为技术进步的主要方式，其自身也成为后进者技术模仿和引进的对象，此时，相对于引进而言，自主的技术进步、管理创新等方面的速度会有所减慢，TFP 增长率因而总体呈现收敛趋势。

2. 发展中国家 TFP 增长的经验

发展中国家在努力发展经济实现赶超的过程中，不仅面临经济发展的任务，中国、越南等许多发展中国家在发展过程中还面临经济甚至政治体制机制改革的重任，这导致影响发展中国家经济增长的因素更多更复杂，导致了其 TFP 的变化与发达国家有着一定的偏差，也导致 TFP 的发展变化呈现一些不同于发达国家发展的特点。总体看，发展中国家 TFP 及其增长变化主要呈现以下三个明显特点。

（1）TFP 水平和 TFP 增长对经济增长的贡献均较低。Young（1995）对"亚洲四小龙"的 TFP 增长率测算后指出，与这些国家和地区经济高速增长伴随的是非常低的 TFP 水平和对经济增长的贡献，有些时段 TFP 增长的贡献率甚至为零或负数，高的资本积累和迅速提高的劳动参与率是这些国家和地区经济快速增长的主要原因。在其随后的 1998 年的研究中，Young 再次强调了对于东亚四国而言，要素积累在实现经济快速增长中的重要作用。Collins 和 Bosworth（1996）研究指出，相对于发展中国家而言，发达国家明显拥有更高的 TFP 增长贡献率。Krugman（1994）认为东亚奇迹完全可以用要素投入来解释。学者们从不同角度对东亚主要国家经济增长的动力进行了研究，发现普遍存在不但 TFP 总体水平较低而且 TFP 增长率对经济增长的贡献远远低于资本积累对经济增长的贡献的现象。对此，学者们给出的解释是，发展中国家普遍处于工业化的早期或中期，在努力实现经济赶超的过程中，普遍使用了直接的行政干预手段，干预的主要途径是通过制定一系列的优惠政策，吸引国外投资或鼓励本国企业购买国外先进制造设备，直接引进发达国家先进制造技术，并通过对这些制造技术的消化吸收和改造实现本土化，在短时间内缩短与先进国家的技术差距，这期间由于技术进步主要隐含在投资中，TFP 增长并不一定很快。对于这一观点，学者们基本达成了共识。

（2）发展中国家和地区，即使人均收入已经达到了较高水平，

TFP 对经济增长的贡献仍然偏低。比如 Hayami（1999）对日本经济发展动力的研究发现，相对于美国等西方国家而言，由于日本政府干预政策未及时退出，日本经济增长由资本积累推动向 TFP 增长推动转变的时期明显滞后，并且在进入发达阶段后，相对于其他老牌的发达国家而言，日本的资本积累处于相对较高水平，而这种特点与东亚主要发展中国家当前所表现出来的经济状况非常相似。对于该现象，Hayami 和 Ogasawara（1995）从产品循环角度进行了解释，认为跨国公司通常将产品附加值较高的研发、设计和市场检验等阶段放在发达国家，而将标准化生产等低附加值过程通过投资放在发展中国家，发展中国家在通过投资实现技术进步的同时，其经济增长也形成了投资主导的发展模式，这种发展模式通过发达国家与发展中国家的国际贸易互动被强化。一些学者从制度经济学的角度指出，发展中国家在赶超过程中所采取的一系列政府干预政策导致了行政手段对市场作用的替代，在经济发展达到一定程度或赶超目标基本实现之后，这些已经建立起来的体制机制却妨碍了自主创新和相关资源的有效配置，反而抑制了 TFP 水平的提升，成为持续迈入发达阶段的障碍。

（3）发展中国家的 TFP 发展变化规律并没有违反发达国家的发展规律。克鲁格曼（1995）、Young（1995，1998）等众多学者对于亚洲经济发展的研究都认为，要素积累是推动包括新加坡、韩国、中国台湾、中国香港、中国大陆等经济体经济增长的主要原因。有些学者将这一事实与发达国家近些年来的 TFP 发展变化情况进行对比，据此认为，发展中国家与发达国家有着完全不同的经济发展规律。但是，按照 Hayami 在《发展经济学：从贫穷到富裕》中对克鲁格曼分析东亚经济使用的重要依据——Kim 和 Lau（1994）的研究结果的分析，发现二者的研究反而证明了上述经济体的发展历程与美国和日本等发达国家在早期发展中所表现出的情况非常相似。

综合发达国家和发展中国家 TFP 发展规律可以看出，TFP 增长对经济增长的贡献从低到高最终实现集约发展是经济增长的最终目标，经济增长由投资驱动向效率提升驱动转变是一个经济体发展必经的历程，后进国家目前所表现出来的投资主导的经济发展模式并不是对发达经济体发展过程的否定，只是发展未达到一定阶段而已。对于后进国家来说，在当前发展阶段，技术进步主要依靠从先进国家引进先进的制造装备来实现，随着经济的发展和技术差距的缩小，自主创新将逐渐成为技术进步的主要形式，此时，TFP 对经济增长的作用将逐步提升。但是，在经济发展到一定阶段后，后进国家在追赶过程中所建立起来的一整套促进投资和加快技术引进制度体系，反而成为其经济发展的重要障碍，妨碍了 TFP 的继续提升和经济的持续增长。这时，就必须通过对经济甚至政治体制进行必要的改革和调整，剔除相关制度约束，释放经济活力，助推经济发展方式顺利地由主要依靠投资驱动向主要依靠 TFP 效率改善转变，最终完成追赶目标，迈入发达国家行列。但是，这个过程并非一帆风顺，如果转型不成功或者调整不到位就有可能陷入"中等收入陷阱"。

二　中国的 TFP 增长

中国改革开放以来经济的高速增长，引起了理论界和政府部门对于经济增长质量的广泛关注。中国当前所经历的经济增长模式是否合适，增长质量如何，这种增长模式能够继续，还是到了发展方式转变的关键时期，这些直接关系到中国对未来经济发展方向的选择以及相关制度的调整方向。为此，国内外学者从不同角度，使用不同方法对中国的经济增长效率进行分析研究，形成了大量文献。

(一) 对中国 TFP 的研究

对于中国 TFP 的研究总体上可以分为对区域的研究和对行业的研究两大类。其中，对区域 TFP 研究的代表有张军和施少华 (2003)、郑京海和胡鞍钢 (2005)、彭国华 (2007)、章祥苏和贵斌威 (2008)、李宾和曾志雄 (2009) 等，主要是估算全国或国内某一区域内 TFP 的发展变化，并分析经济增长的可持续性。研究行业 TFP 的有程大中 (2003)、杨向阳和徐翔 (2006)、谢千里等 (2008)、鲁晓东和连玉君 (2012) 等，主要分析各种行业分类下，TFP 提升的主要动力等。从结果来看，学者们在 TFP 测算的具体数值上存在较大的差异。例如：张军 (2002) 等使用增长核算法，通过 C - D 生产函数计算出 1979～1998 年的 TFP 的增长率为 2.81%；胡鞍钢和郑京海 (2004) 研究发现中国 TFP 在 1978～1995 年经历了年均 4.6% 的高增长；联合国工业发展组织测算的中国 1979～1992 年的 TFP 年均增速为 1.7%。

从文献的分析过程来看，造成测算结果差距较大的原因主要有两个。一是由数据原因造成的。对于测算 TFP 的统计指标的选择不同、基础数据的处理不同造成最终代入模型测算的数据存在较大差异。比如，在资本 K 的选择上，有的学者使用固定资本形成指标，如单豪杰 (2008)、孙文凯等 (2010)；有的使用固定资产投资指标，如王小鲁和樊纲 (2000) 等。即使选取了相同的指标，对于相关数据细节的处理不同也会影响到最终结果。例如，对于资本价格指数等选取的不同，使对资本存量的测算结果会有较大不同。基础数据的不同既与个人偏好、研究目的等因素有关，也与使用测算的模型要求有一定的联系，情况较为复杂，由于不是讨论重点，这里不做深入讨论。二是由测算 TFP 的模型选择不同造成的。例如，魏下海和余玲铮 (2011) 使用相同的数据测算

TFP 时发现，SFA 得出的结果明显高于 DEA 的结果。随着人们对于效率的重视，TFP 测算模型种类及变形越来越多，但每个模型都有其自身优点和缺陷，不合时宜地使用更会造成测算结果的脱离实际和对发展变化趋势的错误判断。例如，在用 DEA 模型时，经常会出现技术进步为负的情况，而在当今社会中出现技术退步的可能性几乎不存在。因此，考虑到需要对中国 TFP 发展趋势有所掌握，有必要结合学者们的实证研究，对目前国内比较常用的 TFP 测算方法及测算结果进行梳理，以便在对学者们的测算结果有一个比较客观认识的基础上，对中国 TFP 的发展变化情况有一个总体的把握。

目前，测算 TFP 的方法较多，学者们从不同角度对这些测算方法进行了归类，但是由于在具体使用过程中，测算方法的使用并不是按照学者们的分类独立使用，而是在方法上相互借鉴甚至是两种方法融合使用，以期达到取长补短的目的，因此这里仅对当前国内学者使用得比较多的最主要的模型进行讨论，而不进行分类。从收集材料看，当前比较流行的 TFP 测算模型主要有索洛余值法、数据包络分析法、随机前沿分析法。

1. 索洛余值法（SRA）

索洛（1957）根据新古典增长理论，引入了希克斯中性和规模报酬不变的新古典生产函数（$Y = AK^{\alpha}L^{\beta}$，其中：A 代表 TFP，K 为资本投入，L 为劳动投入，α 和 β 为资本和劳动的产出弹性）测算 TFP。具体就是根据对 TFP 的定义，将经济增速减去劳动和资本投入所导致的经济增长速度。索洛称该部分代表着技术进步引致的经济增长，除以经济增长速度就是技术进步对经济增长的贡献率。虽然从理论上看，索洛余值表现为技术参数的增长，但它实际包含了除劳动和资本要素投入增长外所有影响经济增长的因素，而且在计算过程中还包含了计算误差。所以，索洛余值可以认为是经济增长中未被标示出来的或被忽略的所有因素共同作用的结果。

对使用 SRA 法研究中国 TFP 主要有四个方面的质疑。①投入要素的使用问题。郑玉歆（2007）指出，按照新古典生产理论，产出应该是即期的概念，在使用资本存量作为投入要素时也应该是基期投入使用的资本，而非全部的资本存量。在目前对中国 TFP 的测算中，很少有注意到这方面的不同，纳入计算的资本仍然是全部资本存量的概念，这或许是部分测算结果中出现技术退步的一个重要原因。②关于技术的假定与实际存在较大差别。Felipe（1997）认为在技术进步的外生性、非体现性和中性的假设下，技术进步成为公共物品，对其的获取没有成本而且是瞬时的，这在现实中是无法实现的，该假设对于研究中国这样一个处于快速变化中的经济体更加不合适。赵志耘（2006）研究发现从 1979 年到 2004 年，中国资本和劳动要素的投入产出弹性呈现相反的变化，这从某种程度上说明，对中国来说技术进步至少是有偏性的。③规模报酬不变的问题。索洛模型中通常假定规模报酬是不变的，因此劳动和资本的产出弹性之和为 1。Kim 和 Lau（1994）等对东亚新兴经济体的研究证实，这些国家的规模报酬普遍大于 1。赵志耘对于中国技术进步存在偏性的结论，也说明了规模报酬不变对研究中国经济是不合适的。④固定参数的问题。固定参数暗含了资本和劳动要素的产出弹性不变的假设。这对于处于快速变化中的中国显然是不现实的。对于上述缺点，学者们以 Jorgenson 和 Griliches（1967）的研究为基础，通过逐步放松或放宽假设、对资本和劳动进行分类计算、引入新的变量等方法，提高 TFP 的真实性，形成了一系列的索洛余值法的扩展模型。这些模型与中国的实际更加接近。但是，这些方法并没有彻底改变使用回归分析所固有的缺陷，如参数为常数、无法区分投入要素的质量等，在具体使用过程中，因一些新引入的如人力资本、结构转换数据的测度，所引发的关于模型适合与否的争论更成为新的焦点。

尽管存在上述问题，但由于索洛余值法和随后扩展的索洛模型都是有着正统经济理论的基础，并且有着严谨的数理推导，没有明显的逻辑性错误，而且模型比较简单，是 OECD 向其成员国推荐计算 TFP 的首要方法，成为被国内外学者使用最广泛的 TFP 测算方法。

2. 数据包络分析法（DEA）

Farrell（1957）在分析英国农业生产力时首先提出了包络思想。随后在 A. Charnes 和 W. W. Cooper 等人持续不断的研究下，包络分析法得到了逐渐的完善和发展，先后形成了 C^2R、BCC、C^2GS^2 等基础模型，在此基础上派生出了众多模型。DEA 是以相对效率概念和边界理论、线性规划理论为基础，对其决策单元的相对有效性做出评价的方法。

当前使用比较广泛的 DEA 模型是由 Fare 等构建的 Malquist 指数模型。该种方法首先定义出距离函数，然后在此基础上构造 Malmquist 指数，测算并对 TFP 进行分解研究。Malquist 指数测算公式表示为：

$$m_0(y_{t+1}, x_{t+1}, y_t, x_t) = \left| \frac{d_0^t(x_{t+1}, y_{t+1})}{d_0^t(x_t, y_t)} \times \frac{d_0^{t+1}(x_{t+1}, y_{t+1})}{d_0^{t+1}(x_t, y_t)} \right|^{1/2} \quad (4-1)$$

式中，(x_{t+1}, y_{t+1}) 和 (x_t, y_t) 分别表示 $t+1$ 期和 t 期的投入产出向量；d_0^t 和 d_0^{t+1} 分别表示 t 期和 $t+1$ 期的距离函数。从公式中可以发现，Malquist 所表示的 TFP 指数实际上就是 t 和 $t+1$ 期的几何平均数，而且数值不能为负。如果指数大于 1，则表示从 t 期到 $t+1$ 期 TFP 是增长的，否则就是下降的。

DEA 法最大优点就是不用预先假定任何形式的生产函数，仅利用样本数据测算观测单元离前沿面的距离来判断它的有效程度。

该方法可以同时适用于多个决策单元的跨时期样本分析，因而在研究多投入多产出方面具有其他方法所不具有的独特优势，而且模型中投入产出变量的权重直接由数学规划模型测算产生，有效避免了主观因素影响。另外，DEA 衡量结果不受数据单位的影响。在规模报酬不变的假定下，Malquist 指数可以被分解成技术效率变化指数和技术进步指数，放松相关假设，又可以计算规模效率；如果使用投入产出的价格指数，还可以测算要素配置效率。上述优点使 DEA 非常适合于中国这样一个经济社会急剧变化，相关宏观数据非常缺乏的情况，因此使用该模型分析 TFP 的文献非常丰富。

但是，该方法的测算结果对使用的数据非常敏感，学者们对相关指标的选择及数据处理的方法各有不同，造成各自测算结果之间会出现很大差异，例如，张宇（2007）测算出 1992 ~ 2002 年中国的 TFP 平均增长率为 5% 左右，而颜鹏飞等（2004）对同样时段测算的增长率仅为 0.79%。除对使用数据敏感的问题外，DEA 法还有如下问题。①容易受随机极值的影响。DEA 方法使用最高的样本数据集合来确定前沿面，而异常情况下可能将"最高"的样本极值看作效率因素，导致测算结果对随机因素非常敏感，进而影响到进一步的对技术进步、技术效率等的分析。另外，在使用存在较大差距的数据时，也有可能导致测算结果的不切实际。比如，中国从东部到西部各省之间经济发展水平差别非常大，如果用省际数据来确定生产前沿面，而且忽视了省域之间发展水平上的巨大差异，所得到的分析结果很难接近真实。②有时测算结果难以解释。DEA 的估算结果中经常会遇到技术效率增长率为负的现象，这种现象很难在现实中找到合理的解释。为此，郑京海和胡鞍钢（2005）在模型中主观地加入无技术退步的约束条件，但是，模型的合理性又受到了质疑。③角度不同可能导致测算结果不同。Malquist 指数可以从投入和产出两个方面出发构造生产率指数，但角度的差异可能导致完全相反的结论，造成不同测算结果之间的不可比性。

3. 随机前沿分析法（SFA）

SFA 是由 Aigner 等（1977）首先提出，Battese（1992）、Coelli 等（1995）等学者对该方法进行了发展和完善。该模型中，总生产函数由前沿生产函数和非效率两部分组成，即

$$Y = f(K,L)e^{v-u} \qquad (4-2)$$

式中，Y 表示总产出，$f(K,L)$ 为生产函数，v 为随机扰动项，服从 $(0, \sigma^2)$ 的正态分布，u 为技术无效率项，表示技术无效率对产出的影响，通常根据研究需要被假设服从半正态分布、指数分布等，并假设与 v 相互独立。

应用 SFA 法测算 TFP 通常先对生产函数中的参数进行估计，然后将 TFP 分解为技术效率、技术进步、配置效率和规模效率进行研究。在函数的选择上，通常选用超越对数生产函数和 C - D 生产函数两种。就我国来看，使用超越对数生产函数进行分析的文献比较多，主要是该函数对是否存在偏性技术进步等没有限制，而且放松了常替代弹性假设，具有运用成熟、形式灵活、能更好地避免因生产函数误设而造成的偏差，同时考虑了相关投入要素对技术进步、配置效率等因素的推动作用，在某种程度上将其内生化。相对于固定前沿分析法，SFA 法从一定程度上消除了随机因素对前沿生产函数部分的影响。鉴于上述优点，SFA 已逐渐成为国内测算 TFP 增长率的主要方法之一。从应用领域看，主要集中在地区和行业、工业企业 TFP 增长率的测量。

SFA 方法也有明显的缺陷：①使用超越对数生产函数时，涉及参数过多，且函数中的一些二次项无法从经济学角度给出合理解释；②该模型假设各年度的参数相同，这与处于急剧变化中的

发展中国家经济发展实际相差较大；③该模型并未能完全避免极端数据的影响。虽然为了避免极值对前沿面的影响，该方法将模型中的误差项进行了区分，在一定程度上提高了对技术效率测算的准确性，但是受极值影响的情况并没有完全避免。

对文献的梳理发现，2003年以前国内对TFP的研究方法大部分集中在索洛余值法，2004年以后对TFP的测算方法出现了明显的多样化趋势，不但DEA、SFA等主流方法的使用频率明显增加，一些非主流的TFP测算方法也被应用于TFP的测量。

（二）中国TFP增长的特点

尽管由于使用的方法和相关数据处理的不同以及模型本身局限性的存在，学者们对中国TFP增长测算的结果存在较大差别，得出的结论各有不同，甚至在某些情况下相互冲突，但是，学者们的研究仍然表现出一些共性的结论。

1. TFP增长对中国经济增长的贡献率不高，投资仍然是经济增长的主要动力

Young（2000）对中国1978～1998年TFP的研究指出，TFP对产出增长的贡献率仅为15%，中国经济增长具有明显的要素驱动特征。郭庆旺和贾俊雪（2005）使用隐形变量法、索洛残值法、潜在产出法等三种方法分别对中国1979～2004年的TFP增长率进行了估算，指出1979～1993年中国的TFP波动很大，导致对经济增长的贡献率剧烈变动，但随后波动幅度变小，总体看，TFP增长率对中国经济增长贡献率偏低。张学良和孙海鸣（2009）对被称为中国综合竞争力最强的长三角地区的经济增长因素进行了分解，发现除了上海市的经济增长为TFP增长驱动外，江苏和浙江等省的经济增长的主要驱动力量仍然是资本积累。朱承亮等（2009）使用基于对数型C－D生产函数的SFA模型对区域经济增长进行研究，指出资本对中国经济增长的年均贡献率超过80%，各地区的技术效率对经济增长的贡献率普遍不高，并存在明显的区域差距。翁媛媛和高汝熹（2011）认为2003年以后，与中国经济的高增长相对应的是TFP增长率的连续下滑，对经济增长的贡献率连续多年表现为负值，而资本的贡献率则连年保持在90%以上，其认为如果长此以往，中国经济将有可能面临崩溃的危险。对于TFP增长贡献率低的原因，李富强等（2008）的分析比较有代表性。他将其归因于制度因素，认为是制度尤其是产权制度支持了生产要素投入的快速增长，并限制了相关投入要素配置效率的提升，间接地将中国当前经济增长模式的形成原因归结为制度使然。这一结论与笔者前文对中国经济结构分析中得出的部分结论形成了验证。

2. 虽然学者们在具体测算数值上的结果相差很大，但就 TFP 增长率的变化趋势来看，大部分研究都得出了 20 世纪 90 年代后 TFP 增长率递减的论断

张军（2002）等使用增长核算法，通过 C－D 生产函数计算出 1979～1998 年 TFP 的平均增长率为 2.81%，并分析发现 1992 年以后中国 TFP 的增长率明显递减。Gary Jefferson 等（2000）通过对 1950～1996 年中国企业的生产率的研究，认为中国 TFP 在 1980～1996 年保持了年均 2.62% 的增速，但 1993～1996 年，增长率以年均 2.25% 的速度下降。胡鞍钢和郑京海（2004）研究发现中国 TFP 在 1978～1995 年经历了年均 4.6% 的高增长后，1996～2001 年 TFP 增速下降为年均 0.6%。联合国工业发展组织（2005）研究发现，中国 1979～1992 年的 TFP 年均增速为 1.7%，并呈持续上升趋势，但 1993～2000 年，TFP 呈现连续下降的趋势。徐家杰（2007）研究发现中国的 TFP 增长率在 1992 年以后出现一个明显的下降，并在 2003 年到达阶段性高点之后持续在低位徘徊。李宾和曾志雄（2009）、赵志耘和杨朝峰（2011）等大部分学者的测算结果支持了 1992 年和 2003 年两个阶段性高点，以及随后的回落和低位徘徊的情况。但也

有个别不同的研究结论，如涂正革和肖耿（2005）利用1995～2002年大中型企业数据，研究认为中国TFP的加权年均增长率达到了6.8%，并呈现逐年上升的趋势，但这并不影响主流的判断。从学者们对于TFP的分解研究成果看，技术进步是推动TFP增长的主要力量，而技术效率的作用则是负面的（魏下海等，2011；邵军等，2011；肖林兴，2013）。

3. 非公有制企业效率高于国有企业

企业作为中国经济的微观基础，其效率的高低直接关系到中国经济整体运行的效率，因此对企业进行分类，并从TFP角度进行评价也是学者们研究中国TFP的重要课题。在对国有企业和私有企业运行效率的研究中，学者们几乎一边倒地认为，虽然随着改革的不断深入，中国国有企业的TFP明显改善，但是与私营、外资企业等非公有制企业的效率相比，仍然偏低（邵珊玲，1990；Groves等，1994；Kong等，1999；吕文慧，2004）。对于国企效率改善的原因，学者们基本赞成是由于中国以建立现代企业制度为目标所做的不断改革的成果。对于国企效率低于非公有制企业的原因，通常认为，国有企业改革不到位，在产权界定上不清楚，缺乏必要的激励、约束、选择和监督机制，或相关制度建设不健全。另外，一些学者独辟蹊径，从其他角度研究国企效率低下问题。如朱克朋和刘小玄（2012）研究发现，在竞争性领域，效率较高的国有企业更愿意改革为民营，形成了高效率企业向民营企业集中的趋势。

虽然学者们在长期对中国TFP的研究中，对其发展变化的规律已基本形成了一定程度的共识，但是，对于经济增长的可持续性方面，学者们的意见也并不统一。郑玉歆（2007）、林毅夫（2008）等学者认为，当前中国正处于需要投资拉动的阶段，因此乐观地认为，按照目前的发展模式，中国经济仍然有20～30年的高速增长期，但郑京海等（2008）、干春晖和郑若谷（2009）、王小鲁等（2009）近期研究成果多认为中国经济发展中出现的产能严重过剩、资源使用效率低、贫富差距拉大、行政管理成本膨胀严重等一系列经济和社会问题，都需要加快改革，从根本上改变当前经济发展模式，否则将很快陷入更大的麻烦。

（三）相关结论

多数学者认为中国的 TFP 在改革开放初期到 20 世纪 90 年代初保持了高速增长，但是随后 TFP 增长率迅速下滑到较低水平，但基本上仍然保持了正的增长，支持了中国经济发展变化历程同样遵循着发达国家所经历的发展规律。在中国投资主导的经济增长模式下，TFP 对经济增长的贡献保持在较低水平有其合理性。而在中国经济发展过程中，TFP 水平并没有随着人均 GDP 的快速增长而迅速提升，而是保持了较低水平，这种特征与发展中国家表现出来的特征相同，这说明中国的经济增长也没有违反发展中国家经济发展规律，经济发展仍然表现出阶段性的特征，而不是如有些学者所认为的那样——中国的经济增长是一种"全新的"创造了新的经济发展规律的增长模式。按照西方国家普遍的发展规律，结合东亚国家的发展历程和前文中对中国经济结构的分析，我们发现中国目前出现的一系列经济社会问题是经济发展到一定阶段的产物，具有阶段性，要克服这些问题，就需要向发达国家和已经进入较高发展水平的发展中经济体学习，主动转变经济增长方式。根据前文分析，要保证经济转型的成功，首先就必须对当前经济增长方式存在的制度环境进行改革。因此，需要通过对中国经济发展的历史进行回顾，对支持中国投资主导的经济增长模式的制度环境形成及运行机制有一个较为清晰的掌握。

第五章 投资主导的经济增长
形成及运行机制

一 中国经济增长的历程

经济的宏观调控方式及结果表现出经济体制的运作方式,对宏观经济调控过程及调控重点的回顾正体现了中国经济增长方式的发展变化历程。中国作为典型的经济转型国家,每一次的制度创新改革,对经济的增长都起到了助推作用。罗斯托指出,在经济增长的过程中,制度的完善和变化对经济能否顺利实现起飞,并在此之后能否顺利发展都有着非常重要的作用。诺斯(1991)、Geoffrey M. Hodgson(2006)等制度经济学者研究证明,即使拥有很好的资源禀赋,没有有效的制度保证市场的正常运行,经济仍然可能因秩序的混乱或配置效率的低下以及错位等原因,导致低速增长、停滞甚至倒退。考虑到经济发展的连续性和中国制度改革的连续性,在对改革开放以来的经济发展进行回顾前,有必要对改革开放前计划经济体制下的经济运行状况进行简单回顾。

(一)改革开放前的经济增长

从新中国建立到改革开放前,在经历了新民主主义革命、社会主义改造等阶段后，计划经济体制在中国得到确立。因为有苏联的经济发展模式为榜样，中国在经济领域的社会主义改造目标非常明确。所以，虽然过程比较复杂，但整个发展历程相对简单。

1949 年，在经历了战争的重创后，中国的经济出现了严重的倒退，基础非常薄弱。铁、钢、水泥、棉布等产品产量分别只有 1936 年的 31.1%、38.2%、52.9%、56.4%，全国能够通车的道路不足总里程的 30%（苏星，1999），是一个极其落后、百废待兴的农业国家。新中国成立以后，无论是起临时宪法作用的《中国人民政治协商会议共同纲领》，还是 1954 年的《宪法》，都把"变农业国为工业国"确定为国家经济发展的目标。1957 年，毛泽东在《关于正确处理人民内部矛盾的问题》中进一步明确了发展重点，"我国的经济建设是以重工业为中心，这一点必须肯定"。

在经历了新民主主义革命和社会主义改造后，中国建立了以公有制为基础的计划经济体制，政府掌控几乎所有的社会资源，计划成为唯一的分配生产生活物资的方式。在优先发展重工业思想的指导下，中国通过工农业剪刀差、控制消费增长等方式，尽可能地将有限的资源投向重工业领域。工业尤其是重工业得到快速发展，中国在短时间内基本建立起了独立的较为完整的工业体系。但是人民生活并没有太大改善，据国家统计局（2010）统计，1957 年平均 624 元的工资成了改革开放前的最高点，从 1958 年到 1977 年，职工的平均工资在 500～600 元波动。

从改革开放前的经济增长历程看，中国政府利用其公有制代言人的身份，在计划经济体制下，通过不对等的交换和收入分配制度，人为地将要素资源向工业尤其是重工业领域集中，在各种物资极端短缺的情况下，这一时期的资本形成率达到 30% 以上，最高达到 42.8%。1984 年，世界银行 1984 年经济考察团（1984）在《中国：长期发展的问题和方案》中对这一时期中国的经济增长做出评判时指出，中国经济从需求方面看的最大特点，是积累比重过高，这在低收入国家中是独一无二的，比中等收入国家的平均数也高得多。从世界银行的报告中很容易发现，这一时期的投资主导的经济增长是在计划经济体制下，人为推动实现的，而不是中国经济发展到一定阶段的必然。即政府通过其公有制为主体的地位和计划手段，在优先发展重工业的思想指导下，将生产要素人为地集中到工业生产领域，通过高积累率加速工业发展。这是在制度支持、行政干预下形成的投资主导的经济增长。由于缺乏对遵循经济发展规律的足够重视，以政治运动推动的经济发展难免造成经济增长的剧烈波动，经济增长快的年份能够达到20%以上，经济增长慢的年份为负的百分之十几。厉以宁（2013）等学者认为，在计划经济体制下，虽然中国建立起了一批大型企业，形成了基本完备的工业体系，但是"传统农业社会中的种种问题不但没有解决，反而以新的形式凝固化了"，他同时指出，中国用实践证明了"依靠计划经济体制转向工业社会是一条不成功的道路"。

（二）改革开放后的经济增长历程

改革开放后，随着中国政府对计划和市场作为资源配置手段、非公有制经济成分认识的变化，中国开始朝着建立社会主义市场经济体制的方向逐步推进，并随着实践经验的不断丰富和认识的不断加深而不断调整。在此过程中，中国政府对经济增长的调节调控方式也在不断地调整和完善，经济增长逐渐平稳。从截至目前的改革过程来看，总体上可以分为四个大的阶段，1978～1991年、1992～2001年、2002～2007年和2008年至今。第一个阶段为从计划经济向市场经济的转型阶段。该阶段，中国大部分时间处于"供不应求"的短缺状态，政府宏观调节调控的主要任务是抑制因需求不能得到满足而导致的物价过快上涨，采用的方法以计划经济时代的直接行政计划调节为主，并逐步引入间接的市场经济调控手段。第二个阶段是以市场为主体的经济体制初步建立阶段。该阶段，全国经济由短缺向全面过剩转变。政府的宏观调控由直接的行政和计划手段为主、市场手段为辅，转变为以间接的市场经济调节为主、以行政和计划手段为辅。第三个阶段为市场经济的完善发展阶段，产能过剩逐渐成为困扰经济发展的一个重要问题而引起关注，市场调节在经济社会中的作用被不断强化。第四个阶段是围绕世界金融危机中中国经济暴露出来的各种严重问题，以市场在资源分配中的决定性作用为目标推进改革，全力保持经济平稳较快增长。

1. 1978～1991 年的经济增长

1978 年的五届全国人大一次会议上通过的《1976～1985 年发展国民经济十年规划纲要》中，明确了通过大规模引进国外先进技术装备加快经济建设的战略。在随后的国务院务虚会上，提出了"胆子再大一点，方法再多一点"的要求。各地政府推动并鼓励企业大量引进成套设备。据统计，当年全国 5 万元以上基建投资在建规模超过 3700 亿元，固定资本形成率超过了 29%，为 1949 年以来第四高。相对于生活必需品还不能满足基本需求的贫穷国家来说，如此高的比例是不可想象的。针对消费和积累以及轻重工业的结构失衡，国家有关部门发布的《关于制止盲目建设、重复建设的几项规定》中，将调整基建作为首要任务，采取"急刹车"的手段压缩总规模，调整结构，更多地支持轻工业发展。但在超强紧缩政策下，GDP 增长率迅速从 11.7% 回落到 1979 年的 7.6%。并在随后的几年里继续回落，最低点出现在 1981 年，增速回落至 5.2%。

为调动各方面发展经济的积极性，1981 年党的十一届六中全会讨论通过的《关于建国以来党的若干历史问题的决议》指出，"社会主义生产关系的发展并不存在一套固定的模式"，"在每一个阶段上创造出与之相适应和便于继续前进的生产关系的具体形式"，"国营经济和集体经济是我国基本的经济形式，一定范围的劳动者个体经济是公有制经济的必要补充"。在此基础上，1982年党的十二大报告对多种经济形式的存在、地位和发展方向进行了更进一步论述，指出"由于我国生产力发展水平总的说来还比较低，又很不平衡，在很长时期内需要多种经济形式的同时并存"，"在农村和城市，都要鼓励劳动者个体经济在国家规定的范围内和工商行政管理下适当发展，作为公有制经济的必要的、有益的补充"。1984年十二届三中全会讨论通过的《中共中央关于经济体制改革的决定》提出了"对内搞活经济，对外实行开放"的发展思路，指出，"利用外资，吸引外商来我国举办合资经营企业、合作经营企业和独资企业，也是对我国社会主义经济必要的有益的补充"，肯定了外资、个体等非公有制经济在我国经济社会发展中的积极作用。以公有制为主体、多种经济成分并存的理论框架初步形成。在这一思想指导下，各种经济成分得到快速发展，非公有制经济在工业总产值中的比重从改革初期的接近于0，迅速提升到1988年的7.1%，带动中国工业实现了快速增长，1984~1988年，工业总产值年均增速超过26%。但是，在实践中，中国的地方政府对发展这些经济的态度仍然采取的是不取缔、不提倡、不宣传。

由于工业过快的增速与投资规模过快扩张相连，投资规模的扩大带动货币发行量以年均近24%的速度增长，零售物价指数（RPI）在6%以上大幅波动。1988年，在"价格闯关"和放开价格预期的推动下，RPI达到18.8%的80年代最高水平。当年召开的第十三届三中全会明确将此后两年的工作重点放在通过压缩社会总需求抑制通货膨胀，对钢铁等流通秩序进行整治。为此，国务院当年下发了《关于清理固定资产投资在建项目压缩投资规模调整投资结构的通知》《关于加强钢材管理的决定》《关于进一步治理整顿和深化改革的决定》等一系列政策措施，通过行政手段对主要投资和基建市场进行了控制。1990 年，全国零售物价同比上涨 2.1%，外贸增长 18.1%。但是，GDP 增长 5%，投资仅增长 2.4%。1991 年，在继续坚持财政紧缩的同时，货币政策开始松动，在一年多的时间里先后 3 次调低了存贷款利率，固定资产投资增速迅速回升到 18.6%，GDP 增速达到 9.2%。在不断的调整过程中，市场经济体制在中国初步建立起来，市场价格能够在一定程度上反映出资源的稀缺情况，工业总产值中非公有制经济比重达到 11.4%，对经济总体的拉动作用进一步增强。

2. 1992~2001 年的经济增长

1992 年，邓小平在南方谈话时强调："计划多一点还是市场多一点，不是社会主义与资本主义的本质区别。计划经济不等于社会主义，资本主义也有计划；市场经济不等于资本主义，社会主义也有市场。计划和市场都是经济手段。"以此为标志，中国对市场经济的认识进入了一个全新的阶段，中国开始全面加快以建设社会主义市场经济体制为目标的经济体制改革。在随后的十四大报告中进一步明确："在所有制结构上，以公有制包括全民所有制和集体所有制经济为主体，个体经济、私营经济、外资经济为补充，多种经济成分长期共同发展，不同经济成分还可以自愿实行多种形式的联合经营。"也就是"公有制为主体、多种经济成分共同发展"。十四届三中全会讨论通过的《关于建立社会主义市场经济体制若干问题的决定》明确提出，到 20 世纪末初步建立起社会主义市场经济体制，并围绕这个目标在财税、金融、企业管理等方面制定了具体改革目标，确定了改革的基本框架。

财税方面的改革主要是确立了以增值税为主的流转税体系和以分税制为核心的新的财政体制框架；金融领域重点推进政策性与商业性金融机构的分离和人民币汇率并轨，并强化了中国人民银行的宏观调控职能；国有企业改革领域主要是明确要求在大型企业集团建立现代企业制度，对国有大型企业进行改制，成为国有独资公司、有限责任公司或股份有限公司，同时按照"抓大放小"的原则，通过改组、出售、承包、兼并和股份合作制等多种形式，对国有中小企业进行改革；在市场流通领域，主要是逐步取消了价格双轨制，自由竞争的要素市场逐步形成；与之相配套，政府机构也按照市场经济发展要求对相关职能进行了调整，强化了宏观指导职能，弱化了对微观经济主体的干涉职能。随着一系列改革政策的逐步落实，政府对要素资源的掌控得到一定程度弱化，市场在资源配置中的作用得到了提升，国有企业被赋予了更多的自主经营权和发展壮大的责任，经济活力被进一步激发。

在加快推进经济制度改革的同时，党的十四届二中全会通过的《关于调整"八五"计划若干指标的建议》中，明确提出加快交通运输、能源和重要原材料、支柱产业的发展。这些资本密集型产业的加快发展，导致与固定资产投资有关的钢材、水泥、木材等建筑材料供需矛盾突出，电力、油品供需缺口越来越大，基础设施和基础工业的"瓶颈"制约进一步强化，经济过热再次出现。1993年，全社会固定资产投资增速达到61.8%，GDP增速达到13.5%，商品零售价格上涨13.2%，1994年进一步上涨到21.7%。为抑制经济过热，国务院出台了《关于当前经济情况和加强宏观调控的意见》，主要针对固定资产投资增长过快，实施从紧的宏观经济政策：规定财政不再向中央银行透支，并调整财政支出结构、控制支出规模，抑制投资和消费需求；中央银行连续两次提高存贷款利率，同步采取了整顿信托业、加强金融纪律、限制地区间贷款等"从紧"的货币政策。由于措施实施时机和力度相对较好，1996年全社会固定资产投资回落到14.5%的水平，经济增速回落到10%以下，零售物价指数接近6%的调控目标，经济基本实现了"软着陆"的目标。

1997 年，受亚洲金融危机影响，在国内外多重因素的共同作用下，中国需求不足的矛盾迅速显现。1998 年开始，经济遭遇改革开放以来的第一次通货紧缩。居民消费价格总水平、商品零售价格等指标出现负增长，分别为 -2.6% 和 -0.8%；GDP 增速下降到 7.8%，成为 1991 年以来的新低。为应对危机，中国政府提出了"保八"的目标。在具体措施上，以扩大内需尤其是投资需求为重点，实施了积极的财政政策和稳健的货币政策。

积极的财政政策主要是：①发行长期国债，适当扩大财政赤字规模，支持基础设施、基础产业建设，鼓励企业进行技术改造。1998~2003 年，中国政府共增发 8000 亿元长期建设国债，主要用于基础设施建设、重点项目建设和企业技改。②减轻税负，鼓励投资。从 1998 年开始，中国通过逐步提高出口退税税率，清理整顿各种不合理收费，降低固定资产投资方向调节税税率，减免一定数额的房地产营业税、契税、土地增值税等众多税费改革，降低企业生产经营成本，间接提高了企业的投资能力和投资热情。货币政策以稳定为主，主要是连续多次降低存贷款利率、取消对国有商业银行贷款限额的控制、下调再贷款再贴现利率和存款准备金率。

同时，十五大在总结中国经济发展实践的基础上，对"公有制为主体、多种经济成分共同发展"有了更深刻的认识，并将其明确为国家的基本制度，改革随即进入一个小高潮。随着政府管控的进一步放松，私营经济得到了更大的发展空间，为经济增长注入了新的活力。中国经济在经历了 1999 年最低点之后，开始稳步回升，这期间非公有制经济得到了快速发展，其工业总产值保持了 60% 以上的年均增速。

3. 2002~2007 年的经济增长

随着中国加入 WTO，更广阔的国际市场和更密切的经济交流推动中国的经济体制改革和经济发展进入了一个新的加速阶段。2003 年十六届三中全会讨论通过的《关于完善社会主义市场经济体制若干问题的决定》，首次对现代产权制度的主要特征和重要地位进行明确，对社会主义市场经济体制建设进行了全面部署。实践中，成立了国有资产监督管理委员会，颁布了《企业国有资产监督管理暂行条例》，国有资产改革有了实质性进展；在金融领域，资本市场进一步开放，国有商业银行和保险公司股份制改革步伐加快，利率市场化改革等多项金融改革试点取得突破；行政管理体制改革有了新的进展，国务院部门分三批取消或调整下放了 1800 项项目核准审批权限。

在政府一系列的刺激政策下，在快速城镇化带动的房地产热、出口快速增长等外部有利因素的共同作用下，投资快速增长，带动中国经济进入新一轮快速增长周期。2003 年虽然遭受了"非典"（SARS）的打击，但全社会固定资产投资增长 27.7%、积累率达到 41%，GDP 增速仍然达到 9.1%，居民消费价格指数上升到 1.2%。固定资产投资过快增长导致再次出现了煤电油运供求紧张、物价上涨过快等一系列问题。

2003 年下半年，中国政府针对房地产热带动的投资过热，重点对土地市场秩序进行了整顿和规范，控制了地方政府土地开发和批租行为，全面清理各类开发区；适当提高金融机构存款准备金率，控制货币信贷过快增长势头，并根据行业发展特点，明确了控制发展的领域。由于担心"非典"对国民经济的冲击，政府在 2003 年的调控相对比较温和。随着 2004 年原燃料价格指数达到 11.4%，积累率提高到了 43% 的历史最高点，投资过热的情形更加明显，中国政府随即加大了调控力度，通过多次提高银行存款准备金率、实行差别准备金制度等货币政策，并辅以对相关领域项目冻结土地审批一年、对在建的投资项目进行全面清查、对国有商业银行贷款进行审查等直接的行政措施，控制土地和资金等项目建设的关键要素供给，同时对部分行业投资进行直接管控，强化预期管理，抑制地方政府和企业的投资冲动。另外，政府还加强了对煤电油运等资源的统筹调度，加快了一些重要铁路、电网、煤炭基地等基础设施和基础工业的建设，增强了这些薄弱环节的供给能力。经过一系列的宏观调控，中国政府有效地控制住了投资由偏快向过热发展，房地产过热的问题也得到了一定程度的缓解。截至 2007 年底，GDP 增速达到 14.2%，经济总体保持了平稳较快增长，但居民消费价格上涨了 4.8%，经济仍然过热。

4. 2008 年至今的经济增长

根据 2007 年的经济运行特点，中央经济工作会议明确提出，2008 年把"防止经济增长由偏快转为过热、防止价格由结构性上涨演变为明显通货膨胀"作为首要宏观调控任务，实施稳健的财政政策和从紧的货币政策。在 2007 年调控的基础上，2008 年上半年，又连续 6 次上调金融机构存款准备金率。国际金融危机的全面爆发，对我国经济的冲击显现，经济增速下滑明显，从上半年的 11%，下滑至年底的 9.6%，企业景气指数由 137.4 迅速下滑至 107，其中工业企业景气指数跌破 100，达到 98.5 的低点。到 2009 年第一季度，GDP 进一步下滑到 6.6% 的低点。经济危机也使产能过剩的矛盾更加尖锐，以投资品生产为主的钢铁、水泥、有色、平板玻璃等高耗能、资本密集型行业遇到了前所未有的困难。

中央迅速将宏观调控的重点转到"防止经济增速过快下滑"上，实施了双宽松的宏观政策。通过提高出口退税率、下调金融机构存贷款基准利率、下调存款准备金率、暂免储蓄存款利息个人所得税、下调证券交易印花税、降低住房交易税费、加大对中小企业信贷支持等财税金融政策，并接连出台促进房地产市场健康发展、搞活流通扩大消费和保持对外贸易稳定增长、稳定就业等措施，尤其是启动了"四万亿"投资计划。在投资增速快速回升的带动下，经济增长迅速企稳回升。2010 年经济增长达到了10.4%。但是在国际金融危机的持续作用下，中国长期依靠投资拉动经济增长形成的产能严重过剩的后果再一次以更严重的情形显现出来。从 2011 年开始，国内外需求持续疲弱，中国经济增速开始逐步回落，企业特别是中小企业、小微企业生产经营困难程度加剧，"倒闭潮""跑路潮"在沿海地区不断上演，由此形成了失业农民工的返乡潮。经过对金融危机以来调控措施的反思，结合中国经济发展特点，中国政府做出了在继续实施积极的财政政策和稳健的货币政策的同时，积极扩大消费需求，并相继出台了一系列刺激消费的家电下乡、建材价格下降、提高个人所得税征收标准等扩大消费政策。将政策实施的重点首次由调控投资转向扩大消费。从本次经济调控来看，调控的节奏把握更及时、调控政策更具前瞻性，调控中更加注重市场作用的发挥和更注重激活消费需求。

在强调宏观经济调控的同时，中国把继续深化改革作为化解金融危机的根本出路。十八大报告提出"更大程度更广范围发挥市场在资源配置中的基础性作用"，"毫不动摇鼓励、支持、引导非公有制经济发展"，并指出"经济体制改革的核心问题是处理好政府和市场的关系"。十八届三中全会进一步提出了"围绕使市场在资源配置中起决定性作用深化经济体制改革"，"市场决定资源配置是市场经济的一般规律"，并将"着力解决市场体系不完善、政府干预过多和监管不到位问题"作为深化改革的重点方向。

二　中国经济运行及调控的经验总结

从对中国经济增长及宏观调控历程的回顾来看，中国的经济增长主要表现出以下五个特点。

（一）中国经济的冷热与投资增长的快慢有关

回顾发现，中国的经济过热通常表现为固定资产投资增速上涨过快，与投资有关的钢铁、有色金属、水泥等投资品供不应求，煤电油运等供应紧张。据此，中国政府的调控手段无论是抑制经济过热还是刺激经济增长，基本上都是围绕着对固定资产投资进行调控的，针对消费和出口的调控政策不多，尤其是在经济过热时，这方面的调控更是少之又少。另外，即使在中国经济发展处于较低水平时，固定资本形成的积累率仍然达到了很高水平。之所以会出现这种情况，我们认为与政府直接参与或干预项目的投资建设有关。而政府之所以能够直接参与或干预大规模的投资建设，最主要的原因是政府直接掌控着大量经济资源，这与当前我国以公有制为主体的所有制结构以及政府公有制代言人的身份是分不开的。虽然改革开放以来，中国政府进行了大量的改革，下放了大量的权力，放松了对经济的直接掌控，但其对经济资源的掌控能力仍然不可小觑。中国政府仍然能够通过一些行政手段迅速调动大量社会资源进行投资，2008 年的四万亿投资就是很好的佐证。金戈（2009）研究认为，中国中央政府和地方政府通过将政治激励机制和经济计划手段相结合，不断以各种方式扩大投资规模对经济进行干预。根据前文的历史回顾和上述分析，我们认为，改革开放前的计划经济时代，中国的经济增长实际上就已经是投资主导的经济增长了。而改革开放以后，虽然中国政府进行了大量的改革，但是支持投资主导的经济增长模式的制度基础并没有太大改变，并在某种程度上被强化，中国经济的增长仍然主要依靠投资的拉动。

（二）围绕建立市场经济体制的改革是推动中国经济快速增长的重要动力

回顾发现，中国每一次的经济高速增长几乎总是与经济领域改革的重大突破有关。例如，1978 年，在以经济建设为中心的发展思路和加快建设社会主义的思想指导下经济增速达到 11.7%；1981 年为发展非公有制经济正名、扩大公有制企业自主权等改革后，出现的经济增长连续回升；1992 年邓小平同志南方谈话确定了继续扩大改革开放之后的高速增长，以及 2001 年加入 WTO 并推进一系列的配套改革之后的快速增长等。这一方面证明了诺斯、Geoffrey M. Hodgson 等经济学者们关于制度对经济增长作用的论断，另一方面也说明中国建立社会主义市场经济体制的改革方向是正确的，同时当前经济社会发展中出现的大量与市场经济不相适应的现象，说明中国通过改革保持经济的快速增长还有很大的潜力。

（三）对非公有制经济发展的松绑为经济发展注入了新的活力

回顾发现，在每一次的改革中，中国政府都把对非公有制经济发展作为重要方面阐述。非公有制经济在国民经济中的重要地位和作用得到不断的肯定，其快速发展对国民经济的带动作用越来越强。全国工商联主席王钦敏在接受中国网采访时指出，过去五年非公有制经济的年均增长速度 21.6%，对新增就业的贡献率达到了 90%。姚洋和章奇（2001）、刘小玄和李双杰（2008）、朱克朋等（2012）等学者的学术研究都证明，非公有制经济比国有经济拥有更高的投入产出效率和更强的市场竞争力。这些也证明了中国对非公有制企业的发展进行松绑改革的正确性。同时，目前非公有制经济存在的某些领域的进入障碍和一些妨碍发展的政策制度，也成为下一步通过改革激发经济活力的重点。中国政府对这一点的认识也在不断加深，为了推进非公有制经济更快发展，提升中国经济整体效率和竞争力，中国政府先后颁布了促进私营经济发展的旧"36 条"和新"36 条"，并要求各地方各部门，按照职能分工分别出台鼓励私营经济发展的政策措施，为私营经济获得与国有经济同等地位提供政策保障。

（四）虽然市场化改革的方向已经明确，但政府对经济的干预仍然很强

改革开放以来，随着对市场经济认识的不断深化，政府不断将属于市场的作用领域归还市场，市场在资源配置中的作用越来越大。但从中国经济的宏观调控历程来看，计划经济的影响还广泛存在，并且在一些领域政府还代替市场发挥着非常重要的资源配置作用。例如，在每次经济出现过热时，国家的宏观调控手段中，总是少不了对煤电油运的控制、政府财政支出的调节、通过调控金融机构贷款额度限制在建项目进度，甚至用直接控制项目建设和项目用地审批等行政手段控制投资增长；而在经济出现疲弱时，更是通过直接谋划参与工业项目建设、扩大"铁公基"项目建设规模、放松资金管制等方式刺激投资需求，具有代表性的是在2008年的金融危机中，直接在极短时间内推动了四万亿的项目建设强行启动经济。这些都说明政府能够掌控的资源仍然过多，计划经济时期的思想仍然存在，相关制度改革仍然没有到位，政府还不习惯利用市场规律间接调节经济。市场化的改革仍有较大的空间。

（五）在赶超思路的指引下，资本密集型产业受到过度重视

回顾发现，对中国政府而言，经济增长速度仍然是判断是否实施宏观调控的重要指标，尤其是当经济增速有所下滑时，政府的反应非常迅速，说明对经济增长速度的追求无论是改革开放前还是改革开放后，都没有改变。调控过程中，能够带来巨额投资的钢铁、化工等资本密集型产业项目仍然受到政府的追捧。实践中，政府不但通过招商引资提供优惠待遇等措施吸引大个头的项目，还主动谋划铁路、公路等能够带来大规模固定资产投资的基础设施建设项目，并调动或主动筹集相关资金进行项目建设拉动投资。方文全（2012）研究认为，由收入分配机制不完善形成的

资本强势和高收益与政府投资冲动的共同作用，支持了中国投资持续快速增长，并伴随出现了与投资相关的钢铁、水泥、有色金属等资本密集型产业的快速发展。需要注意的是，这种围绕投资需求建立起来的经济体系，与中国政府所希望建立的以消费为主导的经济增长体系存在不小差别。这种情形下，如果投资增速减缓，这些行业的发展速度就会降低，而作为资本密集型产业，其增速的降低又进一步降低了投资需求，使这些围绕投资增长发展起来的行业陷入产能过剩的危机之中。国际金融危机之后，我国出现的钢铁、电解铝、水泥、平板玻璃等产能严重过剩行业基本上就属于这种情形。这些都成为中国经济的转型发展的障碍。

综上所述，改革开放以来，虽然中国政府不断推行大幅度的经济体制调整和改革，总体上看中国的社会主义市场经济体制已经基本建立起来，但仍然有不少领域的改革不到位，一些领域内的制度还不完善，政府仍然能够通过公有制代言人的身份随意调动大量社会资源，计划经济体制下政府干预经济的思维模式仍然广泛存在，为政府官员凭主观臆断干预经济提供了空间。在赶超发展思想的指导下，由于支持投资增长的相关制度和思维模式仍然存在，从某种意义上说，我们当前的经济增长方式仍然是在计划经济时代形成的由政府推动的、相关经济制度支持的投资主导的经济增长方式。根据上述回顾和前面的分析，对支持这种经济增长方式存在的体制机制及运作进行总结描述，有利于我们更加深入了解这种经济增长模式。

三　运作机制的相关总结

根据前文对中国经济运行特点的总结归纳，中国投资主导的经济增长模式并不是完全遵循经济发展规律，在经济发展到一定阶段才出现的，而是在以公有制为主体的计划经济在中国建立起来后，在赶超发展的发展战略指引下便已经形成了。虽然改革开放后，中国经历了30多年的经济体制改革，市场经济体制基本建立起来，但是催生政府和企业投资冲动行为的特定制度设计并没有发生太大变化，因此投资主导的经济增长方式仍然能够长期存在。这种制度支持下的投资主导的经济增长运行方式如下。

（一）以公有制为主体的所有制结构下政府仍然能够调动巨量的社会资源进行投资

虽然全国工商联 2006 年发布的《中国民营经济发展分析报告》中已经指出"民营经济产值比重，占全国 GDP 的 65% 左右"，已经成为"中国经济发展的最大动力"，但公有制经济在国民经济的中主导地位并未动摇，无论是宏观还是微观，中国政府仍然对经济有着极强的掌控能力。原因是：①国家仍然控制着包括水、森林、矿产等各种资源，决定着这些资源的配置，甚至决定着部分重要资源的价格。②非公有制经济的市场准入仍存歧视性政策和"玻璃门"。虽然国家先后公布的新旧非公经济"36 条"在政策层面为非公有制经济发展扫除了障碍，但从领域来看，国有经济在石油、电信、铁路、航空、烟草、煤矿、电力等一些国民经济的关键领域仍处于绝对垄断地位，非公有资本进入这些领域仍然存在明显障碍。③政府对金融市场有着实质性的控制。金融市场一直以来就被国有资本垄断经营，直到 2013 年，私营资本的进入才有了一定的突破，但对于整个行业来说，政府仍然能够起到决定性作用。Taoyifen（2004）指出，1987 年以来的历次党的全国代表大会期间总能够发现放松银行信贷的现象，而在代表大会召开的次年基本上会出现一个固定资产投资增长率的峰值。④中国的公有制表现形式已经在逐步适应市场经济的过程中实现了多样化，中国政府实际掌控的并非表现出来的公有制经济统计数据。

随着经济体制改革的不断深入，国有经济通过自身的改组、改造和与其他所有制形式的合资合作，派生出股份合作制企业等众多企业组织形式。这些改变使当前国有经济、集体经济等公有制经济在新形势下被赋予了新内涵、新形式。众多国有大中型企业已大多通过改制成为市场经济环境下的一种混合所有制经济，在这种组织中很难区分哪些是国有经济哪些是私有经济，导致单独以企业性质划分国有还是私有经济的统计方式，低估了国有经济在国民经济中的份额和影响力。而新兴的社会经济组织也形成了新的社会经济成分，比如 2008 年中国的 50 多家基金管理公司，管理着 300 多只基金，投资人超过 8000 万，投资的市值总规模超过 3 万亿元，这些公司的多数资金是通过资本市场向全社会募集而来，其产权或最终产权是多元的、公众的，但公司又在具体的管理经营中接受政府按照公有制企业模式进行管理，具有很大的公有制性质（叶晓楠，2008）。

（二）以经济建设为中心的官员政绩考核体系导致了政府的投资冲动

当前，中央以 GDP 为核心的官员政绩考核晋升机制没有太大改变（佟健等，2012）。段润来（2008）指出中央政府以 GDP 为主要指标考核省级党政领导，经济发展快的地区的领导人获得晋升的概率更大，为此，省级政府领导人不遗余力地发展地方经济，形成了各省之间激烈的经济竞争，这种竞争压力又被通过省内考核的方式一级一级地向下传导。潘孝挺和左翔（2012）研究发现，地方政府对经济增速的关注超过了对其他社会领域发展的关注。Li 和 Zhou（2005）、Guo（2007）、Xu（2011）等学者的研究均得出了地方官员的晋升激励机制是推动中国经济长期实现高速增长重要原因的判断。官员因任期限制有短期内迅速做出政绩的冲动，而通过扩大消费拉动经济增长是一个相对较长的过程，投资作为扩大需求和提升生产能力的重要途径，能够短期拉动经济快速增长，成为地方首长的首选。在经济决策权力大、承担责任小、行政计划手段能够调动大量经济和社会资源的经济体制下，地方行政长官主观上有使用手中的权力积极拉动投资的动力。谭燕等（2011）研究指出，中国当前的政治经济体制导致地方政府有强烈的动机推动大规模投资并干预辖区内企业进行过度投资。

在具体实践中，各地政府一方面通过提供包括减免税收、降低土地价格等各种优惠条件进行招商引资，引进投资规模大的项目；另一方面则是直接成立投资公司或项目公司，主动谋划投资规模大的铁路、公路、城镇基础设施等项目拉动本地投资。为加快项目建设，从中央到地方都设立了各种名目的项目建设补助资金，一些地方政府成立项目建设办公室或者企业服务办公室等机构，主动帮助企业协调项目建设资金，甚至为此利用行政权力向金融机构施压。在相关手续未办理完毕、相关补偿未到位的情况下，强行要求开工，而由此造成社会冲突的事例屡见不鲜。

（三）倾向于资本的收入分配机制刺激了企业的投资冲动

通过经营获取高回报是企业的最终目标，也成为企业投资扩大生产规模的主要驱动力，而实现了的高回报又为企业的再投资提供了必要的资金。宏观上看，这个过程就表现为高投资和高积累。根据新制度经济学的观点，收入分配作为一种制度，能够激励要素所有者进行要素积累。具体方法就是给予该要素所有者更高的回报。中国当前较高的资本积累率说明了中国的收入分配制度更倾向于激励资本积累。白重恩和钱震杰（2009）、李稻葵等（2009）、周明海等（2011）等学者对中国收入分配的研究支持了这一论断。根据学者们的研究，原因主要有以下三个方面。

1. 丰富的劳动力资源导致劳动者在收入分配中处于弱势

中国人口众多，形成了丰富的劳动力资源供给。但中国政府长期以来将高技术、资本密集型产业作为发展重点，忽视了吸纳就业能力强的服务业和劳动密集型产业的发展，造成劳动力的大量过剩和资本的稀缺。在收入分配中，资本所有者拥有更强的话语权，处于分配的优势地位。另外，中国劳动力总体素质不高，随着知识和技术的进步很容易被更高效率的机器设备所替代，在取代过程中，劳动者的所得被资本再次收回。

2. 政府在资本与劳动的收入分配中扮演了逆向调节的角色

为加快经济发展，各级政府都在大力开展招商引资活动，导致区域之间的招商竞争非常激烈，资本成为稀缺资源。为吸引投资规模大的项目尽快落地，形成地方官员的政绩，各级政府开出了各种优惠条件。这些优惠条件不仅包括直接的税费减免、资金补助，甚至还有免费提供土地、厂房、基础设施等。这些由政府给出的优惠的最终成本承担者却是作为纳税人的众多劳动者。企业通过政府间接地在收入的再次分配中获得更多实惠，进一步降低了生产成本，提升了企业的市场竞争力，为企业带来了更大的利润空间，刺激了企业继续扩大生产规模进行再投资，这也是政府所愿意看到的。这种情况在企业和政府之间形成了一种互惠。

3. 国有企业的政府资源促使其有较强的投资冲动

国有企业相对于民营企业来说能够更容易地获得国家资金和政策支持，实力更加雄厚，在当前国有企业改革尚未完善、国家作为资本所有者参与分红的具体措施尚未出台的背景下，集中的利润，给企业留下了大量的可支配资金，使企业具备扩张的资金条件。国有企业管理者拥有政府官员的级别，一把手晋升冲动的作用依然有效，导致这些企业也存在盲目扩大规模的冲动。尤其是在改革开放以来的很长时间内，计划经济体制改革不到位形成了一批如石油、烟草、铁路、电信、金融等行政性垄断行业。对于这些行业，政府禁止非国有资本进入，使行业内的企业能够轻松地获得较高利润，进行再投资的能力更强。即使近期国家已经先后公布了新旧"36条"，鼓励民间资本进入这些行业，但也是有条件的，短期内并不能对行业内的国字号企业的生产经营形成实质性的冲击，反而在抢占市场的需求下进一步刺激了这些行业国有企业的投资冲动。比较明显的就是中国的南车、北车为抢占国内地铁市场，在几乎每一个有地铁的省份都建立了地铁修造基地，造成了很大的浪费。

综上所述，公有制为主体下不健全的市场经济体制，为政府调动社会资源提供了条件，以经济增速为主的晋升体系为政府提供了拉动投资的动力，有利于资本的收入分配制度使企业家有了再投资的冲动，在政府和企业的共同努力下，在相关经济和行政制度的支持下，投资得以保持长期的高速增长状态，投资主导的经济增长得以持续。这种制度支持下的高投资带动的经济快速增长，推动中国经济实现了赶超，造就了被世界所称道的"中国奇迹"，就目前看其存在有合理的一面。同时也应看到，这种增长模式导致了产能过剩、环境污染、贫富差距拉大等种种经济和社会问题，说明这种增长方式已经基本走到尽头，必须谋划转型，否则中国经济将会落入"中等收入陷阱"。

第六章　中国经济转型路径及
政策建议

无论是对经济结构和效率的分析，还是对经济发展历程的分析，及时推进经济发展方式转变都是保持中国当前经济平稳健康发展所面临的最主要任务之一。如果不能实现顺利转型，中国经济则有可能会陷入"中等收入陷阱"。本章的任务是，根据前文对中国经济结构和效率分析中发现的问题及提出来的具体建议，对其进行梳理，结合对转型的分析，提出中国经济转型的目标、内容及路径的展开和具体实施的政策建议。

一　经济增长方式转变的路径分析

（一）中国经济转型的界定

1. 转型内容的界定

国际上通常认为经济转型主要有两个方面的含义。一个是指发展的转型。主要是指在传统的发展经济学中，从纯粹的经济层面上描述的发展方式的转变，例如，随着科技革命的推进，经济增长方式所发生的重大变化。另一个是指体制转型。该种转型主要发生在生产关系和上层建筑层面，其所发生转变的重要内容是经济管理体制的转变。典型的是从计划经济体制向市场经济体制的转型，苏联、东欧等国家先后经历了这种转型。

当前，中国从 20 世纪 70 年代末开始的渐进式经济转型，同时具有上述两种内容，被认为是"双重转型"。随着经济体制改革的逐渐推进，新时期下，中国的经济转型更有了自己的特点，主要表现在以下方面。①绿色发展逐渐成为经济发展的主题。当前各地出现的雾霾天气、各种污染等事件不断挑战人民群众的敏感神经，受到公众的抗议和谴责，说明传统的高耗能、高污染、粗放型的工业化道路已经在中国行不通了，必须走科技含量高、经济效益好、资源消耗低、环境污染少、人力资源优势得到充分发挥的新型工业化道路。②转变是在以公有制为主体的社会主义市场经济体制基本建立，但计划经济制度和计划经济思维仍然发挥作用的背景下推进的，这种情况在大部分的转型国家中是没有的。③转变是在中国的产业发展总体水平还比较低、综合竞争力还不强的情况下进行的，需要更加注意创新驱动和集约节约发展。④增量改革已经基本到了极限，而存量调整的改革也进入了"深水区"，下一步的改革必然涉及利益的再分配，既得利益集团对改革调整形成很大阻力。

上述特点决定了中国的"双重转型"之路较别国更加复杂，要加快经济发展方式转变就需要更加明确地突出重点。根据前文分析，笔者认为，加快经济发展方式转变的手段主要是传统计划经济体制的破除和对现代社会主义市场经济体制的建立和完善。要保障转型发展成功，需要对转型参与的主体及所处状态有一个清醒的认识。

2. 转型参与主体

政府、企业家和公众是经济发展的重要参与者，经济转型的顺利推进离不开三者的认可和共同努力，因此，三者共同构成了经济转型的三大参与主体。在中国渐进式改革的背景下，三大主体能否实现自身的转型并积极主动地推动整个经济转型，对转型成功与否具有决定性意义。

（1）公众。公众涉及经济社会中最多的人口，构成了经济社会的主体，所以公众对经济社会转型发展的态度，在某种程度上对转型能否成功起到决定性作用。朱全景（2013）等学者研究表明，经济转型过程中，公众的积极参与有利于使政府和公众之间达成信息对称，使两者在行为选择上趋于一致，而这种一致性是经济能够顺利实现转型发展的重要保障。学者们将改革开放以来中国经济转型的成就归于公众的积极参与和支持。

在增量改革和渐进式改革的推动下，过去三十多年，中国在创造经济增长奇迹的同时，也积累了大量的问题和矛盾。目前，公众对利益诉求呈现多元化的趋势，各种矛盾和问题呈现"碰头"与"叠加"之势，使改革更加复杂，而已形成的利益藩篱又难以打破，改革总体进入"深水区"。但在经济发展效率不断下降、经济结构性矛盾日益凸显的形势下，中国又必须全面启动新一轮改革，从制度上破除发展瓶颈，实现在众多约束条件下的经济转型。由于转型的复杂性，必须谋求社会各阶层中最广泛的公众的普遍认同和最广泛的支持。这种认同包括对经济转型的目标取向、路径选择等的认同。

在经济发展过程中出现的城乡和贫富差距拉大、社会服务不公平等现象和问题，对公众心理形成了强烈冲击，容易诱发公众心理失衡，并可能形成消极或阻挠改革转型的公众意识，但公众心理不平衡带来的对改变现状的强烈愿望也是能够利用的。这些需要在相关制度设计时，向公众呈现更加公平的心理预期，将公众所期待的利益以最直观的方式呈现。但是，由于公众利益取向的复杂性，再完美的改革策略也难以符合所有公众的意愿。所以，在推进新旧体制替换的时候，在改革策略的选择上，应当注意保障大多数人的最大利益，并通过对改革过程中利益受损者进行一定程度的补偿，来换取他们的支持或降低他们对改革的抵触。

（2）企业家。企业家既是公众的一部分，作为个体有着与公众一样的诉求，同时，作为微观经济主体——企业的掌控者，在激烈的市场竞争中又引导着企业的发展，具有先动性、创新性、自主性、风险承担性等独特的企业家精神（Lumpkin 和 Dess，1996），能够主动地推动科学技术进步，推动社会生产力的发展。企业家的这些品质只有通过残酷的市场竞争才能造就。所以，让企业家回归市场，培养真正的企业家精神，做驾驭市场的主人，是推动中国市场经济发展的重要环节。但改革开放以来，虽然国有企业的一些生产决策权已经归还企业，并建立了现代企业制度，但企业的主要管理者仍然拥有着政府部门的行政级别，在对企业的管理上，仍然部分地沿袭着传统的行政命令式和在体制内选人的惯例；在民营企业中，除在 IT、网络行业等新兴知识密集行业企业外，职业经理人仍不多见，子承父业、轮流坐庄仍是众多企业管理的主要方式，这造成中国民营企业平均寿命更短。所以，发挥企业的市场主体作用，建立能够真正培养企业家的市场环境是首要任务。国企方面，首先要深化国企改革，取消国企行政级别，并在此基础上进一步建立和完善规范的公司法人治理结构，进一步放松管控，政府只从政治上和任职资格上把关，并通过股东大会发挥作用；逐步从制度上建立和完善科学的职业经理人的评价机制，将国企优秀管理人才转变为具有企业家精神的职业经理人。另外，建立规范的高级经理人才市场，帮助和鼓励私营企业尽快转变观念，通过市场选拔优秀的高级人才帮助企业做大做强。

（3）政府。政府作为制度和政策的供给者，在转型过程中，需要主动提出具体的制度和政策，并组织和协调各类利益主体共同推动落实。改革开放以来，以"放"为主的改革方向证明，减少政府对企业生产经营活动和对市场配置资源的干预，与发挥政府宏观调控作用相结合，是中国继续推进社会主义市场经济建设、保持经济活力的关键。鉴于转型过程中，可能会出现因原有制度失效，新制度未及时填补形成的政策失范真空，以及市场失灵等问题，政府应发挥其调整规范作用，在承担制度供给者角色的同时，还要承担起市场的调控者和利益的协调者的角色。利用政府的强制力量消除新体制不完善导致的经济不稳定，成为接下来改革的重要内容。在此过程中，政府需要通过实施能够体现公众选择的公共政策或法律来实现。与这种角色相伴随的是，政府的观念和职能也需要做出相应的调整和转变，从计划经济时代的决策型政府转变为市场经济体制下的公共政策型政府，从控制型转变为公共服务型。但是，从改革开放以来政府的经济调控中所做工作来看，在某些领域和某些事件上仍然存在行政命令式的直接干预，显示中国政府还没有完全实现角色的转变。

（二）中国经济转型发展面临的主要问题

当前，在新一轮科技革命和人们环保意识、人权意识增强等新情况下，中国在继续推进市场经济的渐进式的改革中，发达国家在传统的市场经济环境下推动经济转型的经验已经没有太多的借鉴价值，能够证明的仅仅是：市场在资源配置领域比政府作用更加有效，以及经济发展到一定阶段后，只有顺利转型经济才能实现健康发展。因此，中国必须走出一条不同于传统发达经济体的、具有中国自身特色的新型工业化道路。对前文分析中所发现的问题的梳理，能够对我们设计转型目标及转型路径起到重要的指导作用。从前文分析来看，中国经济主要存在以下五个方面的问题。

1. 结构性矛盾突出

前文中对中国的经济结构的分析认为，投资主导的经济体制下形成的经济结构妨碍了中国经济的可持续发展。分析发现，无论是经济的产出结构还是要素的配置结构都存在明显的不合理和不匹配，而且结构之间不匹配的情况随着经济的发展并没有出现合理化趋势，在一些领域这种不匹配的情况甚至出现了恶化，这对经济发展的可持续性形成了严重挑战。

2. 经济转型存在制度障碍

分析发现，制度是当前中国投资主导的经济增长方式产生并能够长期存在的主要原因。前文中得出的一些结论，无论是结构问题还是效率问题，无论是创新能力缺乏、要素出现错配和逆向配置，还是发展方式粗放、收入分配不公平等问题，其最终的渊源基本上都能够追溯到相关制度的缺失或不健全上。所以，通过明确而稳定的制度安排，保障相关主体利益和资源配置及效率的发挥是中国制度改革创新的重要方向。而中国的"增量改革"已经接近极限，下一步对存量的调整，有可能面临既得利益集团的强烈抵制，所以，制度的创新和新的经济社会秩序的确立也是中国经济转型所必须面对的主要难题。

3. 市场经济体制的一些弊端开始显现

中国的社会主义市场经济体制已经基本建立，通过一段时间的运行，市场化行为日趋成熟，要素配置效率有所提升，经济运行更加顺畅，但是市场经济体制下，其自身存在的诸如市场失灵、市场化主体行为不理性等局限和弊端也开始逐步显现，对宏观经济的稳定运行产生了一些冲击，中国需要在推动计划经济制度变迁的同时，加速市场经济体制下的制度创新步伐，利用稳定的制度安排和政府宏观调控力量消除市场局限性带来的经济不稳定。

4. 计划经济时代发展经济的思想依然存在

思想观念指导实践行动。从回顾中我们发现，虽然中国反复强调市场机制的重要性，不断批判计划经济体制的弊端，但是，在实践中，在每一次经济出现过热或较快回落时，中国政府从中央到地方，调控经济的手段中，最多使用的仍然是直接的行政干预手段，通过对宏观经济运行和微观企业的生产进行干预，达到短时间内压制或启动经济的目的。尤其是在经济出现增速回落过快时，这方面的政策出台更加密集，反映出计划经济时代的思想观念依然比较顽固。

5. 对民生问题重视不够

民生问题涉及社会群体中多数人的根本利益，随着中国改革进入"深水区"，民众能否通过转型得到实惠，成为能否获得最广大民众支持改革的关键，这也是中国经济转型发展能否成功的关键。但是，在过去中国的改革中，在"效率优先、兼顾公平"思想的指导下，民众的利益往往被忽略。中国政府虽然多次强调要"改善民生"，但在实践中，大量的政府资金被用于补贴企业或直接发展经济，在进行宏观经济调控时，当调控手段影响到群众生活时，补偿或帮助群众减少损失的措施少之又少。另外，政府主导建立起来的不公平的收入分配和再分配制度，长期对教育投入不足等，都说明政府对于民生问题的重视不够。

（三）中国经济体制改革的目标分析

中国政府 2014 年工作报告中明确提出"使市场在资源配置中起决定性作用和更好发挥政府作用，积极推进有利于结构调整的改革，破除制约市场主体活力和要素优化配置的障碍，让全社会创造潜力充分释放"的经济体制改革目标。这一改革目标的核心是明确界定政府与市场的作用领域，这与我们前文分析中对转变投资主导的经济增长方式而提出的改革要求是一致的。根据这一总体目标，结合上述分析成果及问题，对中国经济体制改革需要从产权制度、微观经济制度、宏观管理制度、非正式制度四个方面同时推进，设计的改革目标如下。

1. 改革完善产权制度

制度在经济领域发挥作用，主要是以产权制度为基础，对生产、分配、交换、消费等经济活动以及由此产生的各种经济关系进行规范，在与市场机制的共同作用下形成一定的经济结构和经济增长方式（卫兴华等，2007）。所以，建立完善的市场经济体制，首先是对产权制度进行调整和完善。当前，中国经济中所有制主要包括五种类型，即全民所有制、集体所有制、个体经济、私营经济、外资经济。其中，全民所有制和集体所有制属于公有制，其他三种所有制形式属于私有制。目前，中国以公有制为主体、多种所有制共同发展的所有制结构已经确立，但有效的配套制度体系还远没有建立，造成国有资产低效率和社会资源浪费等问题。时任国家主席胡锦涛在十七大报告中明确要"坚持和完善公有制为主体、多种所有制经济共同发展的基本经济制度，毫不动摇地巩固和发展公有制经济，毫不动摇地鼓励、支持、引导非公有制经济发展"。这个论述既是对当前中国所有制结构的描述，也说明了中国所有制结构调整的未来方向，与之相适应，需要围绕效率提升，对产权制度进行全面的改革和完善。

2. 构建有效率的微观经济制度

企业是市场经济的微观主体，企业的活力和竞争力决定了市场的活力，因此构建有效率的微观经济制度，就是要建立有效率的现代企业制度，使企业按照市场规律自主地进行调节，在市场竞争的优胜劣汰中提高生产效率。为此，需要着眼于使企业真正成为自主经营、自负盈亏的市场主体，提升企业自主决策权，对非公有制企业和公有制企业进行持续的改革和制度创新。其中，国有企业作为中国经济的重要支柱，在生产经营上受政府的影响仍然比较明显，与自主经营、自负盈亏的市场要求还存在不小差距，另外国有企业的低效率拉低了全社会生产效率，是本次微观改革的核心对象。而非公有制企业在生产经营过程中所受到的各种不公平的市场待遇，成为阻碍其潜力发挥的重要原因，因此，对非公有制企业的制度"松绑"也成为微观改革的一个重要方向。

3. 完善政府宏观管理制度

中国经济发展的实践证明，相对于计划手段，通过市场配置各类经济资源效率更高，因此强化市场在资源配置中的决定性作用是改革的方向和目标。但是市场失灵，尤其在处理社会总供给和总需求失衡引起的一系列诸如由经济衰退、失业和通货膨胀等宏观经济问题导致的经济社会波动时，存在较大的缺陷。西方国家的经济发展史证实，政府通过正确的宏观调控能够有效缓解这些问题，在此过程中，政府职能要发生相应的调整改变。因此，中国政府要加快适应市场经济发展要求的职能转变，强化宏观调控职能，规范财政经济行为，完善金融管理，提高尊重规律、运用规律对国民经济进行宏观调控的能力。前文分析认为中国投资主导的经济增长的形成与中国当前的财政、投资、金融、价格等方面制度的安排是分不开的。所以，这些都应该作为中国经济体制改革在宏观管理制度方面的主要领域。同时，与之相配套的是，政府机构及职能安排必须做出相应调整。另外，民生作为影响经济稳定的重要环节，也应该作为一个重要职能纳入政府的宏观管理职能中。

4. 培育适应市场经济的非正式制度

改革开放以来，中国高度重视经济领域的实务建设，但对于建设市场经济中意识形态的调整和改造重视不足，许多情况下仅停留在口头上，导致在整个经济建设的过程中，不但中国的意识形态变革整体上滞后于改革开放的实践，而且传统的计划经济时期的意识形态对现在仍有深厚的影响，并在一定程度上出现了非正式制度安排的真空状态，而在这些领域一些消极的资本主义意识形态甚至是封建的意识形态乘虚而入。中国当前经济社会中到处可见的由道德失范、信用丧失等问题引起的经济秩序混乱正说明了这一点。因此，必须进一步健全与市场经济相适应的各种非正式制度，否则必然会损害改革发展稳定的大局。所以，由国家主动通过筛选、整合、引导、创立与市场经济相适应的意识形态，不仅能够为市场经济的健康发展提供意识形态上的支持，减少经济交易中的摩擦，提高人们对诚实、信赖、忠诚、良心等的效用评价，最终减少市场运行的组织成本和实施成本，而且可以有效地克服经济领域中诸如寻租活动、为了个人利益不惜损害国家和社会利益等一些不良现象，从而规范各类经济参与者的市场行为，改善经济活动的环境，提高社会资源的配置效率。

（四）中国经济转型的基本原则

根据前文对经济转型及目标的分析，结合当前中国经济发展中存在的主要问题，下一步在转型过程中要重点把握好以下六项原则。

1. 坚持以人为本

改善人居生活是发展经济的最终目的，所以，物质财富的生产归根到底是满足人的生存和发展需求。同时，作为经济的重要参与者，经济发展水平的提升离不开人力资本的积累和提升。所以，如果忽视了人在经济发展中所起的关键作用，发展就失去了基础支持，就不可能实现长期健康发展。因此，经济转型发展要把人的发展作为出发点和立足点，并贯穿于转型的全过程，体现在生产、分配和消费的各个方面。

2. 坚持绿色发展

绿色发展是一种将环境容量与资源承载能力作为经济发展前提和约束条件，贯穿于经济发展的全过程，实现环境合理性与经济效率性相统一的发展。饱受环境污染困扰的人们已经意识到，走西方国家先污染后治理的传统工业化道路已经行不通了，不顾资源环境和生态的承受能力，而一味追求速度的发展，最终会因为资源的耗竭而终止，或因生态环境的崩溃而使人民生活质量下降，只有走人与自然和谐发展的绿色发展之路，经济才是可持续的，人民的生活质量才能不断地提升，这一观点已经被大多数的学者、民众和政府所接受。

3. 坚持统筹发展

这里的统筹发展不是指各方面同步发展，而是指对当前经济体制进行全面思考后做出的改革推进决策。虽然根据中国过去渐进式改革经验，某一点的突破有时能够带来经济的全面发展，但那也是在统筹全面考虑各种体制在转轨过程中相互协调的基础之上做出的。随着改革的逐步深入和经济的快速发展，各种利益关系相互交织更加复杂，更需要有全面统筹的眼光，在全面推进的同时突出重点。

4. 坚持创新发展

这里的创新不仅包括科技创新更包括制度的创新和观念的创新。当前，我国经济发展进入了新的阶段，所面临的国内外环境也都是全新的而且更加复杂，既面临发展的"瓶颈"，也有着难得的发展机遇，依靠老的办法和旧的经验来应对这些新形势、新局面，显然是不可能的。所以，必须要依靠科技和制度上的创新，突破"瓶颈"，抢占发展先机，推动经济实现转型发展。对此政府也有着明确的态度，十八大报告中明确提出"以创新开拓转型空间、化解转型难题"。

5. 坚持市场导向

虽然随着改革的深入，市场的一些弊端逐步暴露出来，但这并不影响市场在资源配置领域的高效率。改革开放以来的经验和国外主要发达经济体的发展经验都表明，市场机制的确立和完善对于经济健康发展和实现顺利转型具有关键性作用。前文分析证实，正是资源产权制度不到位和产权市场的不完善，相关资源以政府决策者意向为中心的非市场化配置，导致相关资源的低效和无效配置，不仅浪费了有限的社会资源，带来了严重的效率损失，还对社会公正形成了危害，加剧了结构失衡。所以，必须树立市场导向的观念，以市场在资源配置中起决定性作用作为改革的重要方向。

6. 坚持政府宏观调控

市场只是经济发展的手段，其在资源配置方面的高效率并不能掩盖其在处理搭便车等问题上的低效或无效，而政府通过使用其强制力能够比较好地解决这些问题。所以，在肯定市场化的改革方向的同时，并不能排斥和否定政府作用。十八届三中全会《中共中央关于全面深化改革若干重大问题的决定》对市场经济体制下政府的作用做了很好的诠释，即"保持宏观经济稳定，加强和优化公共服务，保障公平竞争，加强市场监管，维护市场秩序，推动可持续发展，促进共同富裕，弥补市场失灵等"。

二 推动经济转型的政策建议

根据对中国经济转型的路径、目标、原则等的阐述，结合当前中国经济发展中发现的问题，推动中国经济发展方式转变，其核心是对以公有制为基础的管理体制进行适应市场化需要的调整改革，使市场在资源配置中起决定性作用，并对政府职能、公共服务等进行必要的配套改革，对相关的社会意识形态进行改造。鉴于农业的相对封闭性，改革需要先从农业开始。

(一) 建立完善现代化的农业生产经营制度

农业作为国民经济的基础性产业，因长期投入不足，导致基础弱、生产力水平低、抗风险能力差、农民收入难以提高等问题，成为经济发展的最薄弱环节。主要原因是农业的基本生产资料——土地的公有制垄断，造成资本进入壁垒，无法通过土地流转等形式实现规模化经营，所以，对农业生产经营制度的改革，主要是破除农村土地垄断经营形成的小农经济和对资本进入形成的限制，引入并完善市场竞争机制，推动农业生产的规模化和现代化，实现农村劳动力的转移和充分利用。主要包括以下四点。

1. 重构农地产权制度

虽然家庭联产承包经营责任制使农村家庭成为自主经营、自负盈亏的农业生产主体，起到了解放生产力的作用，但是该方式下农民仅有土地使用权，并未能解决土地所有权归属问题。产权不清晰阻止了土地的流转集中和外部资本的进入，导致无法实现规模化发展，也放缓了农业现代化的进程。因此，有必要对现行农地产权制度进行改革创新，并逐步引入市场机制，借助市场的力量促进土地流转和集中，推进农业生产的适度规模化经营，提升现代化水平。具体就是，在稳定和完善承包权的基础上，创新农地所有权形式，使农民对土地拥有较完整的占有权、使用权、收益权和处置权。

2. 创新农村组织制度

现行的农村经济组织主要有农户和农村集体经济组织两种。其中农户仍然是最基础、最主要的经济组织，更加适合市场发展要求的农业"一体化"组织、农村大户经济、农村流通组织等组织发展不足，是造成农业生产总体效率低下的重要原因。因此，加快推进农村组织制度创新的主要内容有四个方面。①对现有的农村集体经济组织进行改造，使其在按照市场规律实现经济和社会效益最大化的同时，服务于农村、农业和农民。②对当前各种农业合作经济组织、农业协会组织等进行规范，支持其扩大现有组织规模、拓宽经营领域，发挥规模经济效益。③支持发展和完善农业一体化的产业组织。就是支持通过公司＋农户等形式，对农产品的生产、收购、储存、加工、销售及相关农业生产资料的供应等进行纵向和横向的联合，使农产品生产流通的各个环节有机地结合为一体，形成完整的产业链，提升农业综合竞争力和农产品的附加值。④支持和鼓励农村大户经济的发展。农村大户经济的兴起有助于提升农业规模经营水平，还有助于延伸农产品生产形成乡镇企业，提升农户的综合竞争力和抗风险能力。

3. 重塑农村就业制度

将农村丰富的劳动力资源转化为现实的生产力，是发掘中国经济发展潜力的一个重要途径。针对当前受相关行业技术壁垒限制，农村剩余劳动力不能顺利转移就业的问题，需要从发展战略、市场规则等方面进行创新，一方面改变过去只注重资本技术密集型项目、忽视吸纳就业强的劳动密集型项目建设的做法，做到"两手抓"、两并重，提高产业吸收农村劳动力就业的能力；另一方面加大对农村劳动力的技术和教育培训力度，提升劳动力的专业技术水平和综合素质。同时，科学制定农民就业规划，统一管理城乡劳动力就业，最主要的是改革户籍制度，逐步消除黏附在户籍制度上的各种差别，实行统一的居民户籍管理制度，在全国形成统一的劳动力市场，保障劳动力在产业之间、城乡之间能够自由流动。

4. 完善农业发展的保护体制

农业作为经济社会稳定和发展的基础，对其的发展和保护必须提升到战略高度，引起足够的重视。主要是借鉴发达经济体的农业发展政策，完善当前对农业发展的补偿和扶持政策，健全农业投入机制和农产品价格保护体系，提高农民务农积极性。主要内容有四个方面。①落实《农业法》中关于国家和地方对农业投入的责任，加大各级政府对农业的投入力度，扭转农业投资占比不断下降的趋势，加快农业领域的资本积累。②强化对农业的金融支持，研究制定相关倾向性或引导性的金融政策，鼓励围绕农业、农村和农民发展，开展金融创新，使农业积累的增长高于全国平均水平。③建立农产品价格风险基金和储备制度，制定合理的农产品最低收购保护价，保障农民获得合理收入，尽量避免出现谷贱伤农的情况。④加强对重要的农业生产资料生产经营的监管，保护农民合法权益。

（二）完善投资管理体制

政府利用公有制代言人的身份，掌握过多经济和社会资源，加之各类金融市场发育不成熟、监管不到位，造成政府投资领域过于宽泛、企业投资主体地位未能真正确立等问题，导致了投资的低效率。所以，要通过投资体制的改革，限制政府投资范围，规范政府投资决策，确立企业市场投资主体地位，同时完善金融资本市场，使资本按照效率原则自主流动，提高资本的总体使用效率。

1. 继续推进企业管理体制改革

企业是市场经济中最重要的微观主体，企业的发展水平决定了经济的总体竞争力。政府通过制定倾向性的政策、采取倾向性的行政干预，直接干预企业生产经营活动，限制了企业活力的发挥，所以放松政府对企业的管制，充分激活企业作为微观主体的发展活力，是当前改革的主要方向。当前主要根据非公有制企业和公有制企业发展的需要分别进行改革。

（1）改革公有制企业管理。国有企业和集体所有制企业是公有制企业的两种最主要形式。集体所有制企业在国民经济中占比较小、涉及利益群体范围相对较小，而国有企业规模大、涉及全体公民利益、在国民经济中占据非常重要的地位，因此，对公有制企业改革的重点是对国有企业的改革。虽然中国对国有企业的改革从没有中断，企业的各项管理制度正在不断地完善，而目前大部分国有企业从形式上已经成为一个相对独立的商品生产者和经营者，但是国有企业仍然存在着政企分离不彻底、治理结构不完善、产权关系不清晰、管理制度不科学等问题，其生产经营效率普遍低于非公有制企业。因此，需要通过继续推进政企分开、重组企业产权制度、完善企业治理结构、创新企业管理制度等方式深化改革。从实践来看，当前改革的重点是实现政企分开，就是要彻底切断计划经济体制中政府对企业的各种实质性的控制和政治上的联系，主要是通过取消企业的行政级别，实现国有企业所有权与经营权分离，将国家所有、政府指挥经营的企业改造为国家监督、企业独立决策的公司法人，加快完善企业的公司治理结构，落实企业独立经营、自负盈亏的市场主体地位。改革的主要内容包括三个方面。①完善企业内部法人产权制度。取消企业主要管理者的公务员行政级别待遇，引入职业经理人制度，对竞争性领域国有企业的生产经营决策进一步放权，不再干涉其具体生产经营活动，对其发展战略也仅从是否符合国家相关政策和战略发展要求进行审查。②实行全面的股份制改造。对竞争性领域和非涉密行业内的国有企业、经营性事业单位进行股份制改造，国家按照股权行使股东权益，不再以行政命令等方式直接干预企业的正常生产经营、人事任免等活动。③探索完善国有资产管理机构作为国家出资人行使股权代表的职能，在避免出现新的国有企业托拉斯的同时，提高国有资产的盈利能力。

（2）公平对待各种所有制企业。当前，不同所有制企业所面临的生产经营环境仍然存在较大差别。相对于非公有制企业，公有制企业更容易得到政府和有同样背景的金融机构的支持。例如，中国政府在 2008 年推动 4 万亿元投资应对国际金融危机的过程中，民营企业所获得的国家支持资金不到5%，而80%的银行贷款流向了公有制企业（何伟，2010）。金融、电信等领域内公有制企业凭借政府赋予的经营特权，直接通过扩大生产规模，就可以保持较高的盈利水平，缺乏主动改善经营、提升竞争力的动力。所以，改革和制度创新的主要方向是，取消造成不公平待遇的各项歧视性政策和举措，营造有利于公有制企业和非公有制企业公平竞争的制度环境，使各种所有制企业能够在同一个政策平台上，公平地开展竞争。具体主要从三个方面推进。①取消国有企业的垄断专营特权及各种特殊照顾。对于金融、电信、石油、铁路等过去实行国有企业专营或国有成分市场份额非常高的领域，应尽快完善产业发展政策，消除非公有制经济进入壁垒，废除对领域内公有制企业的倾斜支持政策。②继续对国有经济进行"有进有退"的调整。根据中国当前经济发展实际，以股权拍卖或兼并重组等形式退出房地产、轻工等完全竞争性领域，同时探索强化对水利、城市基础设施等关系国计民生的非竞争性经济领域内国有企业的社会责任管理，提升企业效率。③在所有行业的市场准入上实行"非禁即入"。任何非公有制经济主体在从事法律法规所未禁止的活动时，其正当权益都应受到认可和保护，任何非授权的行政干预都应当被追责，根据该原则，在落实新旧"36条"的基础上，分行业制定更加细化的改革推进措施，为非公有制经济进入相关领域扫清制度障碍。

2. 健全政府投资的宏观调控功能和决策机制

中国按照"以经济建设为中心"的发展战略，不断将大量财政资源直接投入经营领域，是中国投资主导的经济增长方式形成的重要原因。随着经济总量规模的扩张和发展进入新的阶段，这种财政支出方式一方面将政府的大量精力耗费在对企业生产经营活动的关注上，另一方面导致对义务教育、医疗卫生等社会公共服务的财政投入严重不足，成为影响社会稳定和经济转型的一个重要因素。另外，科学有效的投资决策和监管体制的缺乏，使财政资金被挤占、挪用或贪污的情况时有发生，影响了财政资金的使用效果。欧林宏（2008）研究发现，不合理的支出结构，使中国政府性资金的使用效率随着支出规模的增加呈现倒"U"形，1994年后，中国政府性资金的使用效率明显下降。所以，配合市场化经济改革的深入推进，规范与约束政府投资，特别是建立对政府投资决策的责任追究机制和投资效率评价机制，抑制地方政府尤其是地方首长的个人投资冲动，是加快发展方式转变的必然且合理的选择。主要包括以下几方面。

（1）改进预算管理制度。借鉴发达国家财政管理经验，建立公共财政制度，将全部财政资金纳入预算管理，建立并完善公开透明、符合市场经济原则和公共财政要求的财政管理制度。主要包括：①扩大财政预算内资金的社会保障范围，建立公共支出保障机制，加大投入力度，增强财政的社会保障能力；②参照企业经营核算的相关原则和方法，建立公共支出成本的核算机制，统一财政支出的核定标准，提升财政支出的精细管理水平；③在贯彻成本—收益原则和经济与社会效益统一等原则的基础上，建立公共支出的绩效评价机制，根据各类财政支出的性质和目的，开展定期或专项考核；④完善复式预算制度，增强财政预算约束，建立规范的财政支出体制。

（2）调整财政支出结构。按照有所为有所不为的原则，逐步减少政府对竞争性领域的资金投入，加大对教育、卫生、社会保障等民生领域的公共财政支出，提高社会保障能力。加快转移支付制度的法制建设，对转移支付的资金测算、预算编制、审批、执行、决算等各个环节的程序、规范与责任进行明确。逐步取消竞争性领域和地方配套财政专项资金。按照"权责对等"的原则，重新划分各级政府的财政保障责任。国家主要提供国防、市场管理、部分社会医保、跨区域的重大工程维护等面向全社会的公共服务，地方政府主要提供基础教育、基本医疗和社会保障等区域性公共服务。根据经济社会责任，重新调整地方和中央的税收分配。

（3）改革财政预算的使用和监管体制。对全部财政预算实行法治化管理。主要是规范财政预算审核程序，建立财政预算公开制度，保障人民代表大会在政府预算制定、执行过程中的决策监督权和纳税人对财政资金使用的知情权和表决权。建立法治的财政监督体系。主要是通过完善财政立法，把财政监督的范围拓宽到财政收支、财务会计、国有资产管理等领域，确立财政监督在财经纪律建立、财经秩序规范中的地位，保障财政经济的良性运转。

3. 完善金融市场

金融发展滞后妨碍实体经济发展的观点已经被广泛地接受。丁骋骋（2010）、李玉等（2013）、唐吉荣（2012）等认为金融市场体系不完善和金融市场内部公有制垄断经营是造成中国资金使用效率不高但投资收益很高的重要原因。结合本书研究中发现的问题，具体需要从以下四个方面完善金融市场。

（1）打破金融市场的公有制垄断。目前，虽然金融领域已经基本完成了国有商业银行和城市商业银行的改制工作，在企业内部建立起了公司治理结构，但公有制垄断经营的金融环境并没有发生太大变化，金融机构更倾向于通过低风险的存贷差以及各种收费，向实体经济"抽血"获取高额利润，导致金融机构主动创新动力不足，真正具有发展活力且急需资金支持的中小企业难以得到应有的资金支持。因此，需要通过相关立法的完善，放松金融市场准入的限制，允许非公有制资本进入银行、保险等金融行业，享受与公有制企业同等待遇，与公有制企业开展公平竞争，迫使公有制银行等金融机构主动加强管理降低资金使用成本，主动改善服务，寻找盈利增长点，加快适应市场发展方向的金融创新，提高资金使用效率。

（2）多元化金融市场。我国金融行业效率低下的另一个原因是金融市场体系发展不完善，融资渠道不畅。融资成本较低的直接融资市场规模过小，且通常被看作政府、国有企业或大型企业集团圈钱的工具，非公有制企业很难通过该渠道获得发展所需资金，并由此滋生了风险更大、成本更高的民间借贷市场。间接融资主要依靠银行信用。银行的公有制垄断和出于对风险的控制，使其更倾向于将资金借贷给大型国有企业和受到政府支持的重大建设项目。要纠正这些问题，就需要通过完善市场交易规则，支持民间征信组织发展，规范基金、保险公司等机构投资者及场外交易市场发展，多样化交易主体，扩大金融市场规模、提高金融机构支持实体经济发展的意识。

（3）完善金融监管。影响金融市场的因素较多，尤其是随着金融创新、金融衍生品等新业务的运转，金融市场成为信息高度不对称的不完全市场，即使在金融高度发达的美国，也时常爆出金融舞弊案，所以对金融市场的监管成为各国发展金融市场的一个重要环节。因此，根据市场经济发展的需要，加快金融法制建设，完善金融监管机制，建立金融安全网及严格的金融机构内部控制与管理，为金融自由化的发展提供机制保障是改革的重点。从我国目前金融案件的产生原因来看，信息披露不及时、不完全甚至存在明显误导等问题比较常见。对金融市场监管的重点应主要集中在强制性信息披露制度是否得到严格执行，披露信息是否存在明显误导。但也要注意，不能把合规性的监管变成对相关企业微观经营活动的实质性干预，这将严重破坏金融市场秩序，更加不利于金融行业的发展。

（4）鼓励金融创新。随着经济的快速发展，新形势和新情况不断涌现，实体经济发展的需要更加地多元化，目前，中国金融行业在组织结构和业务经营方面都有了较大发展，但真正体现服务实体经济能力的金融创新仍然不足，这既有金融机构自身的原因，同时也有制度限制得过死、缺乏灵活性的原因。所以，需要在借鉴发达经济体金融制度的同时，结合中国经济发展需求，不断地进行微调，取消一些限制，放宽一些经营范围的束缚，通过对金融领域管理制度的创新，带动行业内的业务创新、技术创新、服务创新、营销创新和管理创新。

（三）转变政府职能

制度的变革是一项系统工程，作为制度的制定者和执行者，政府要适应制度变革的需要，及时转变职能和行为方式。新中国成立 60 多年来，中国的经济体制使中国政府始终能够以一种强有力的方式对经济社会发展进行直接干预，其广度和深度都远高于世界主要经济体，这是支持中国经济快速增长的重要因素。同时，政府参与经济过深，造成经济管理上的"越位、错位和不到位"。随着经济的发展、规模的不断扩大和内容的更加复杂，这种管理方式造成了比较严重的资源浪费，引发了一系列的社会矛盾，导致了经济发展的不可持续。所以，政府如何根据市场经济发展的需要，通过有效的制度设计，合理界定政府管理范围和权限，实现政府行为与经济发展相容是当前中国转变经济增长方式问题的关键所在。根据合理界定政府与市场关系的要求，目前政府职能调整的目标是：弱化对微观领域经济活动的直接干预，强化对宏观经济的管理，弥补市场失灵的不利影响。具体需要从界定政府职责和规范政府官员行为两个方面进行改革。

1. 界定政府职责

政府职能改革的主要目的是以政府的宏观干预弥补市场失灵

问题，因此，政府应该退出市场作用效率更高的微观生产经营和资源配置领域，而将经济职能主要限定在为市场机制更好发挥提供良好的宏观政策制度环境上。主要包括以下几方面。①规范各种市场活动。个别微观主体违反市场规则的行为可能会为其带来丰厚的回报，但这种行为不仅伤害其他市场主体的利益，而且会扰乱市场秩序，降低市场运行效率。政府需要凭借其政治强制力，制定完善各种规章制度、市场规范和法律法规，并加强监督检查的执法力度，提高违反市场规则的成本预期，规范和维护市场的正常交易秩序。②创造友好的信用软环境。市场经济某种程度上也是诚信经济，良好信用关系的建立能够有效降低交易成本、提高交易效率。考虑到该项工作的复杂性和公利性，政府的参与是必不可少的。只有在政府的支持和对相关政策的调整完善创新下，建立诚信档案，引入诚信评级体系，强化诚信监督，才能将诚信评级与社会经济活动联系起来，为社会创造良好的诚信经营的氛围。③制定并实施宏观发展战略。现代经济微观主体数量的扩张和专业领域的细分，要求对市场经济发展在宏观层面要有一个综合的指导。政府在与市场完成利益切割后，作为市场宏观管理者的独立第三方的身份，能够更加中立地为经济的发展制定规划，这也是其发挥宏观经济管理职能的重要途径。④保持宏观经济稳定运行。由于市场经济发展自身存在一定的盲目性，经济的周期性波动不可避免，这种波动可能会对整个经济造成严重冲击，甚至影响到社会的稳定。西方国家和中国的发展实践都证明，如果政府能够及时采取正确的干预措施，主动有计划、有针对性地进行反经济周期操作，能够有效减轻甚至避免经济波动。

2. 规范政府官员行为

就官员本身而言，作为个体的经济人，有着为自己谋取经济利益或其他利益的冲动，这些活动有些是合理的，有些却可能是违规违法的，有些虽然不违法却对经济发展方式转变起到一定的阻碍，需要通过制度建设加以规范。主要有以下几方面。

（1）改革官员考核晋升制度。GDP 在表现综合经济实力方面的无可替代性，使其成为对地方官员经济工作成效考核的首选。干部任期的时限性和上级决定干部任用的程序，要求官员必须在短时间内做出令上级满意的成绩，决定了地方政府在经济工作方面的媚上和短视行为。Li 和 Zhou（2005）研究发现，地方政府的官员们，对于升迁的重视超过了对于财政收入增长等的重视，这成为现实中政府对于 GDP 增速偏好的重要的原因。所以，适当调整考核政府官员的指标体系，更多地强调社会保障、教育卫生等社会事业发展和教育、培训等人的发展，能够有效改变官员对于经济发展的关注，有利于领导干部转变发展理念、主动推进经济发展方式转变。同时，引入人大、政协和民众对干部晋升进行全程监督，并有机会表达不同意见，也能够有效避免官员以上级意志为己任的"短视"行为，保持地方经济工作的连续性。

（2）规范资源配置权力。政府在资源配置和一些战略性资源定价中经常起到决定性的作用，为人为干预市场竞争提供了手段。晋升的 GDP 压力和各种利益吸引，使各级政府官员有意人为压低资源品价格，帮助企业降低生产成本，扩大生产规模。但这种行为既浪费了资源，又违反了市场竞争规律，使企业缺乏主动提升效率转变生产方式的动力，而将更多精力放在与政府关系的打理上。通过规范政府对各类资源的配置权，理顺资源品价格的市场形成机制，提高企业生产对资源品稀缺程度的敏感性，有利于调动企业主动根据资源品价格的变化情况调整生产方式，从微观层面推动宏观经济发展方式的转变。同时，规范政府配置资源行为将有效减少政府对微观经济的干预能力，迫使其把更多精力放在改善服务质量和营造公平竞争的制度环境上，有利于市场规律的遵守和发展方式的转变。

(四) 培育适应市场经济的意识形态

诺斯指出，在经济社会发展过程中，合适的意识形态可以有效地简化决策过程、节省交易费用，并有利于克服搭便车等问题，因而能够直接推动经济发展。在具体推进中，需要从官员到民间同时推进与市场经济相适应的意识形态建设，确保在推进经济体制改革上形成统一的思想认识，保证在个体行为上，主动推动改革和增长方式转变。

1. 转变官员的经济发展理念

官员作为政府职能的主要执行者和相关政策的决策者，其对改革的认可与否，态度的积极或消极，行为的主动或被动将对政府宏观经济管理职能发挥的好坏起到非常重要的作用。因此，转变政府官员的发展理念，也是推动经济发展方式转变的重要环节。新中国成立以来，中国官员们形成了在经济建设中"大干快上""超额""提前"完成任务的传统的观念。改革开放后，中国"以经济建设为中心"的发展战略和以 GDP 增长为重点的官员考核升迁体系，使政府官员形成了调动各种资源不顾一切加快经济发展的潜意识，导致各种合理或不合理的投资行为。随着经济发展逐步进入新的阶段，在当前的经济建设领域，主要是转变官员这种以"快"为中心的发展理念，在调整官员考核晋升体系的同时，使官员充分认识到提升经济发展质量对于经济可持续发展的重要性，使其从思想上认识到主动推动中国经济发展方式转变的重要性和紧迫性。做到这些主要是加强官员的学习，一方面是加强对当前相关前沿经济理论的学习，提升对经济发展规律的把握能力；另一方面是加强对国家宏观经济政策和经济形势的学习，提高对当前中国投资主导的经济增长方式的认识和转型发展必要性、紧迫性的认识。

2. 强化社会道德建设

强化社会道德建设，主要是围绕提升社会成员对当前和下一步社会制度改革安排的认同来展开，主要是对现有意识形态进行筛选、整合和创新，适应市场化转型发展的需要，提高人们对诚实、忠诚、信赖等的效用评价，以此减少市场运行中的相关组织成本和实施成本。主要内容包括：①把依法治国和以德治国相结合，通过"硬"和"软"的双重引导，推动公民道德建设的不断深化和拓展，逐步形成具有中国特色的与市场经济相适应的道德体系；②强化对市场经济的正面宣传，增强人们在市场经济中的自立意识、竞争意识、效率意识、民主法制意识和开拓创新精神，并通过社会实践确立与市场经济相一致的道德观念和伦理规范，为经济转型和市场作用的发挥提供精神动力和思想保证；③结合中国传统美德教育，综合运用教育、法律、行政、舆论等手段，在全社会大力宣传实事求是、艰苦奋斗、无私奉献等符合市场发展要求的传统精神，反对享乐主义、拜金主义和极端个人主义，使意识形态的变革既体现中国的优良传统，又反映时代特点，更加贴近人民生活和习惯，保障意识形态充满生机与活力；④把效率与公平的统一作为当代意识形态建设的重要目标，通过相关的制度创新，使每个公民切实感受到市场经济环境下，既有平等参与机会又能充分发挥自身潜力的氛围，在全社会形成注重效率、自觉维护公平的价值观念。可以预期的是，一旦与市场经济相适应的意识形态得到确立，市场经济发展的健康和持续性将得到思想上的保证，当前经济领域中出现的众多不良现象将会被有效克服，市场经济的运行将更加高效。

（五）构建支持转型的科技教育支撑机制

目前，政府在中国的科研教育投入和管理中仍居主导地位，在研发方向的选择和教育重点科目上，政府意志仍然明显。虽然在政府工作报告等重要文件中，反复强调提升科技创新能力和教育水平，但是中国在科技研发和教育方面的投入远低于世界平均水平，在对各类教育机构、研究中心的管理上更存在着严格的行政等级制等问题，造成教育和科研体系中，政治氛围浓厚，功利倾向明显，不能满足经济社会发展对科学和教育水平提升的需要。因此，必须进行有针对性的改革。

1. 改革完善科研评价体制

僵化的科研评价体系，主要表现在科技研发方向不是主要由市场需求决定而是由行政计划和领导决定，浪费了研发资源，带来了越来越多的科研领域寻租行为和腐败行为，一批科技人才和领军人物被调查，造成了科研力量的浪费；研发过度重视能够直接产生经济效益的实用技术，忽视了对基础性研究的投入，造成科技创新缺乏足够的理论支撑，创新基础不稳。改变这种状况就要从制度上建立科研经费的逐年递增机制，保证公共研究开发投入中必须有一定比例的资金用于基础性科学研究，同时，改革学术评审制度，排除人际关系、领导意志等非学术因素在科研资源分配中的影响。

2. 改革教育体制

在建立完善教育投入增加机制的同时，对学校管理体制进行改革，取消学校的行政级别，排除学校领导过于注重对行政级别、政治待遇的追求，忽视在知识科研领域的探索和授课质量的提升。引入专业管理人才参与管理，改变教育决策的随意性，提高教育的严肃性和专业性。逐步建立起学校自治、学术独立的教育体系。在保证法定的九年义务教育完全执行的同时，逐步提高中等教育普及率和高等教育的水平与质量，给予私立学校与公立学校同等的待遇，提升学校间的学术竞争水平。

3. 更加重视职业技术培训

当前社会发展日新月异，新知识和新技术层出不穷，单独依靠个人的主动自学很难满足经济发展的需求，必须从政府层面，结合经济社会发展需要和未来发展预期，整合或设立财政专项教育资金，适时调整对职业教育学校培训的支持方向和支持重点，引导社会职业技能培训；同时，简化专业设置审查批复流程、缩短批复时间，鼓励各类职业技术学校、培训机构等根据市场劳动技能需求情况，更加灵活地调整学科设置，为经济发展及时提供急需的人力资源。

参考文献

Acemoglu D. 2005. "Constitutions, polities, and economies". *Journal of Economic Literature*, 37 (5).

Aghion P. Howitt P. 1992. "A Model of Growth through Creative Destruction". *Econometrica*, 60 (4).

Aghion P. Howitt P. 1996. "R&D in the Growth Process". *Journal of Economic Growth*, (4).

Aghion P. Howitt P. 1998. *Endogenous Growth Theory*. Cambridge: MIT Press.

Aigner Lovell, Schmidt. 1977. "Formulation and Estimation of Stochastic Frontier Production Function Models". *Journal of Econometrics*, 6 (1).

Allen F., J. Qian, M. J. 2005. "Qian, Law, Finance and Economic Growth in China". *Journal of Financial Economics*, 77 (9).

Arrow, Kenneth J. 1962. "The Economy Implication of Learning by Doing". *Review of Economic Studies*, (5).

Bai, Chong-En, Chang-Tai Hsieh, Yingyi Qian. 2006. "The Return to Capital in China". *Brookings Papers on Economic Activity*, (2).

Banerjee, Abhijit V., Andrew F. Newman. 1993. "Occupational Choice and the Process of Development". *Journal of Political Economy*,

101.

Barff R. A. , Knight P. L. 1988. "Dynamic Shift-share Analysis". *Growth and Change*, 19.

Barro, Robert J. , Xavier Sala-i-Martin. 1995. *Economic Growth*. Boston: McGraw-Hill.

Basu S. , Weil D. N. 1998. "Appropriate Technology and Growth". *The Quarterly Journal of Economics*, 113 (4).

Battese E. , Coelli T. 1992. "Frontier Production Functions, Technical Efficiency and Panel Data: with Application to Paddy Farmers in India". *Journal of Productivity Analysis*, (3).

Battese E. , Coelli T. 1995. "A model for Technical Inefficiency Effects in a Stochastic Frontier Production Function for Panel Data". *Empirical Economics*, 20 (2).

Baumgardner J. 1988. "The Division of Labor, Loeal Market, and Worker Organization". *Journal of Political Economy*, 96.

Becker, Gary S. , Kevin MurPhy. 1992. "The Division of Labor, Coordination Cost, and Knowledge". *Quarterly Journal of Economics*, 107.

Bernstein J. 1988. "Costs of Production, Intra-and Inter-industry R&D Spillovers: Canadian Evidence". *Canadian Journal of Economics*, 21 (5).

Broadberry S. N. 1998. "How did the United States and Germany Overtake Britain? A Sectoral Analysis of Comparative Productivity Levels, 1870 – 1990". *Journal of Economic History*, 58.

Cai Hongbin, Daniel Treisman. 2005. "Does Competition for Capital Discipline Governments? Decentralization, Globalization, and Public Policy". *American Economic Review*, 95 (3).

Cass, David. 1965. "Optimum Growth in an Aggregative Model of Capital Accumulation". *Review of Economic Studies*, 32.

Chenery H. B., Shishido S., Watanabe T. 1962. "The Patter of Japanese Growth, 1914 – 1954". *Econometrica*, 30 (1).

Chow G. C. 1993. "Capital Formation and Economic Growth in China". *Quarterly Journal of Economics*, (114).

Collins S., B. Bosworth. 1996. "Economic Growth in East Asia: Accumulation versus Assimilation". *Brookings Papers on Economic Activity*, Vol. 1996, No. 2.

Creamer D. B. 1943. *Industrial location and natural resources*. Washington, D. C. : U. S. Natural Resources Planning Board, U. S. Government Printing Office.

Daniel C. K. 1942. "Shift of Manugacturing Industries, inIndustrial Location and National Resources". WashingtonD. C, U. S. National Resource Planning Board.

Denison E. 1974. *Accounting for United States Economic Growth 1929 – 1967*. Washington: Brookings Institution.

Dollar, David, Shang-jin Wei. 2007. "Das (Wasted) Kapital: Firm Ownership and Investment Efficiency in China". NBER Working Paper No. w13103.

Domar, Evsey D. 1946. "Capital Expansion, Rate of Growth, and Employment". *Econometrica*, 14.

Dunn E. S. 1960. "A Statistical and Analytical Technique for Regional Analysis". *Papers of the Regional Science Association*, (6).

Esteban Marquillas J. M. 1972. "A Reinterpretation of Shift-Share Analysis". *Regional and Urban Economics*, (3).

Farrell J. 1957. "The measurement of productive efficiency". *Journal of the Royal Statistical Society*, Series A.

Felipe J. 1997. "Total Factor Productivity Growth in East Asia: A Critical Survey". Economics and Development Center Report Series No. 65, Asian Development Bank, Manina.

Friedman, J. R. 1966. *Regional development policy: A case study of Venezuela*. MIT Press, Cambridge.

F. Allen J. Qian, M. Qian. 2005. "Law, Finance, and Economic Growth in China". *Journal of Financial Economics*, 77 (1).

Galor, Oded and Joseph Zeira. 1993. "Income Distribution and Macroeconomics". *Review of Economic studies*, 60.

Geoffrey M. Hodgson. 2006. "What are Inst itutions?". *Journal of Economic Issues*, (1).

Goodfriend M. , J. McDermott. 1995. "Early Development". *American Economic Review*, 85.

Grossman G. M. Helpman E. 1991. *Innovation and Growth in the Global Economy*. Cambridge: MIT Press.

Groves T. , Y. Hong, J. Mcmillan, B. Naughton. 1994. "Autonomy and Incentives in Chinese State Enterprises". *The Quarterly Journal of Economics*, 109 (1).

Guo G. 2007. "Retrospective Economic Accountability under Authoritarianism: Evidence from China". *Political Research Quarterly*, 60 (3).

G. T. Lumpkin, Gregory G. , Dess. 1996. "Clarifying the Entrepreneurial Orientation Construct and Linking It to Performance". *The Academy of Management Review*, Vol. 21, No. 1.

Harrod, Roy F. 1939. "An Essay in Dynamic Theory". *Economic Journal*, 49 (5).

Hayami Yujiro. 1999. "Changes in the Sources of Modern Economic Growth: Japan Compared with the United States". *Journal of the Japanese and International Economies*, 13 (1).

Hayami Y. , Ogasahara J. 1995. "The Kuznets versus the Marx Pattern in Modern Economic Growth: A Perspective from the Japanese Experience, Department of Agricultural". *Resource and Management Economics Working Paper*, No. WP 95 – 13 (Ithaca, NY: ARME, Cornell University).

Helpman, Elhanan. 1992. "Endogenous Macroeconomic Growth Theory". *European Economic Review*, 36.

Henderson R. , Jaffe A. , Trajtenberg M. 1998. "Universities As A Source of Commercial Technology: A Detailed Analysis of University Patenting, 1965 – 1988". *Review of Economics and Statistics*, 80 (2).

Holz. Carsten A. 2006. "New Capital Estimates for China". *China Economic Review*, 17 (2).

Huseh, Tien-tung, Qiang Li. 1999. *China's National Income, 1952 – 1995.* Colorado and Oxford: Westview Press.

Jaffe A. , Fogarty M. Banks B. 1998. "Evidence from Patents and Patent Citations on the Impact of NASA and Other Federal Labs on Commercial Innovation". *Journal of Industrial Economics*, 46 (6).

Jaffe A. , Trajtenberg M. , Fogarty M. 2000. "Knowledge Spillovers and Patent Citations: Evidence from a Survey of Inventors". *American Economic Review*, 90 (4).

Jaffe A. , Trajtenberg M. , Henderson R. 1993. "Geographic Localization of Knowledge Spillovers as Evidenced by Patent Citations". *Quarterly Journal of Economics*, 108 (8).

Jaffe A. 1986. "Technological Opportunity and Spillovers of R&D:

Evidence from Firms Patents, Profits, and Market Value". *American Economic Review*, 76 (12).

Jefferson Gary, Thomas. Rawski, Zheng Yuxin. 2000. " Ownership, Productivity Change and Financial Performance in Chinese Industry". *Journal of Comparative Economics*, 128 (1).

Jones C. , Williams J. 2000. "Too Much of a Good Thing? The Economics of Investment in R&D". *Journal of Economic Growth*, (2).

Jones C. , Williams J. 1998. " Measuring the Social Return to R&D". *Quarterly Journal of Economics*, 113 (11).

Jones, Charles I. 1995. "R&D-Based Models of Economic Growth". *Journal of Political Economy*, 103.

Jones, Larry E. , Rodolfo E. Manuelli. 1997. " The Sources of Growth". *Journal of Economic Dynamics and Control*, 21.

Jorgenson D. W. , Griliches Z. 1967. "The Explanation of Productivity Change". *The Review of Economic Studies*, 34 (3).

Kaldor, Nicholas. 1957. "A Model of Economic Growth". *Economic Journal*, 57.

Kanbur R. , X. zhang. 2005. "Fifty Years of Regional Inequality in China: a Journey through Central Planning, Reform, and Openness". *Review of Development Economics*, 9 (1).

Kim, Jong II. , Lawrence Lau. 1994. "The Sources of Economic Growth of the East Asian Newly Industrialized Countries". *Journal of Japanese and International Economies*, (8).

Kong X. , R. E. Marks, G. Wan. 1999. " Technical Efficiency, Technological Change and Total Factor Productivity Growth in Chinese State-Owned Enterprises in the Early 1990s". *Asian Economic Journal*, 13 (3).

Kornai J. 1986. "The Hungarian Reform Process: Visions, Hopes, and Reality". *Journal of Economic Literature*, 24.

Kortum S. 1997. "Research, Patenting, and Technological Change". *Econometrica*, 65 (11).

Krugman P. 1994. "Myth of Asia's Miracle", *Foreign Affairs*, Vol. 73, No. 6.

Kumbhakar S. , Lovell C. 2000. *Stochastic frontier analysis.* New York: Cambridge University Press.

Kumhakar S. C. 1990. "Production Frontiers Panel Data and Time-varying Technical Inefficiency". *Journal of Econometrics*, 46 (1).

Levin R, Reiss P. 1988. "Cost-Reducing and Demand-Creating R&D with Spillovers". *Rand Journal of Economics*, (4).

Li Hongbin, Zhou Li-An. 2005. "Political Turnover and Economic Performance. The Incentive Role of Personnel Control in China". *Journal of Public Economics*, 89.

Lin J. Y. , B. Chen. 2008. *Development Strategy, Financial Repression and Inequality.* 5th Midwest International Economic Development Conference Paper.

Liu W. 2003. "Comparison of Three Calculating Method on the Average School Year". *Peking Statistics*, 6 (159).

LO. , C. P. , B. J. LIU. 2009. "Why India Is Mainly Engaged in Offshore Service Activities, While China Is Disproportionately Engaged in Manufacturing". *China Economic Review*, (6).

Lucas R. E. 1988. "On the Mechanics of Economic Development". *Journal of Monetary Economics*, (22).

Lucas, Robert E. Jr. 1988. "On the Mechanism of Economic Development". *Journal of Monetary Ecnomics*, 22.

Lucas, Robert E. Jr. 1993. "Making a Miracle". *Econometric*, 61.

Maddison A. 1987. "Growth and Slowdown in Advanced Capitalist Economies: Techniques of Quantitative Assessment". *Journal of Economic Literature*, 25.

Maddison A. 1995. *Monitoring the World Economy*, 1820 – 1992. Paris: OECD Publishing.

Malthaus, Thomas R. 1986. *An Essay on the Principle of Population*. London: W. Pickering.

Mattoo A. , R. Rathindran, A. Subramanian. 2001. "Measuring Services Trade Liberalization and Its Impact on Economic Growth: An Illustration". World Bank Working Paper.

McDonald S. , J. Roberts. 2006. "AIDS and Economic Growth: A Human Capital Approach". *Journal of Development Economics*, (8).

Meeusenm W. , Vanden Broeck. 1977. "Efficiency Estimation from Cobb-Douglas Production Functions with Composed Error". *International Economic Reviews*, 18 (2).

Moses Abramovitz. 1993. "The Search for the Sources of growth: Areas of Ignorance, Old and New". *The Journal of Economic History*, 53 (2).

M. Peneder. 2002. *Structural Change and Aggregate Growth*. Austrian: Austrian Institute Of Eeonomic Research.

Nazara S. , Hewings G. J. D. 2004. "Spatial Structure and Taxonomy of Decomposition in Shift-Share Analysis". *Growth and Change*, 35 (4).

Nelson, R. R. , Phelps E. S. 1966. "Investment in Humans, Technological Diffusion, and E-conomic Growth". *American Economic Review*, 56 (1).

Peng, Yusheng, Michael R. Darby. 1997. "Chinese Rural Industrial Productivity and Urban Spillovers". *NBER working Papers*, No. 6202.

Perkins, D. H. 1998. "Reforming China's Economic System", *Journal of Economic Literature*, (2).

Pitt M. , Lee L. F. 1981. "The Measurement and Sources of Technical Inefficiency in the Indonesian Weaving Industry". *Journal of Development Economics*, 9 (1).

Ramesy, Fank. 1928. "A Mathematical Theory of Saving". *Economic Journal*, 38.

Rasul Bakhshi, Dastjerdi, Rahim Dalali. 2011. "Equity and Economic Growth, a Theoretical and Empirical Study: MENA Zone". *Economic Modelling* , (2).

Rebelo, Sergio. 1991. " Long-Run policy Analysis and Long-Run Growth". *Journal of Political Economy*, 99.

Richardo, David. 1951. *On the Principle of Political Economy and Taxation.* Cambrige: Cambrige University Press.

Rivera-Batiz L. A. , Paul M. Romer. 1991. "Economic Integration and Endogenous Growth". *Quarterly Journal of Economics*, 106.

Robert E. Hall, Charles I. Jones. 1999. "Why Do Some Countries Produce So Much More Output Per Worker Than Others?". *The Quarterly Journal of Economics*, 114 (1).

Romer P. 1990. "Endogenous Technological Change". *Journal of Political Economy*, (10).

Romer P. M, Jones C. I. 2010. "The New Kaldor Facts: Ideas, Institutions, Population, and Human Capital". *Macroeconomics*, 2 (1).

Romer P. M. 1986. " Increasing Return and Long-Run Growth". *Journal of Political Economy*, 94 (2).

Romer P. M. 1990. "Endogenous Technological Change". *Journal of Political Economy*, 98 (5).

Ross Levine. 1997. "Financial Development and Economic Growth: Views and Agenda". *Journal of Economic Literature*, (9).

Simon Kuznets. 1957. "Quantitative Aspects of the Economic Growth of Nations: II. Industrial Distribution of National Product and Labor Force". *Economic Development and Cultural Change*, 5 (4).

Solow, Robert M. 1956. "A Contribution to the Theory of Economic Growth". *Quarterly Journal of Economics*, 70 (2).

Solow, Robert M. 1957. "Technical Change and the Aggregate Production Function". *The Reviews of Economics and Statistics*, 39 (3).

Stokey, Nancy L. 1991. "Human Capital, Product Quality, and Growth". *Quarterly Journal of Economics*, 106.

Stokey, Nancy L. 1995. "R&D and Economic Growth". *Review of Economic studies*, 62.

Swan, Trevor W. 1956. "Economic Growth and Capital Accumulation". *Economic Record*, 32 (2).

Syed Mansoob Murshed, Leandro Antonio Serinoc. 2011. "The Pattern of Specialization and Economic Growth: The Resource Curse Hypothesis Revisited". *Structural Change and Economic Dynamics*, (5).

Thirlwall A. P. 1967. "A Measure of the proper distribution of industry". Oxford Economic Papers, (19).

Thomas Osang, Tayanta Sarkar. 2008. "Endogenous Mortality, Human Capital and Economic Growth". *Journal of Macroeconomics*, 30 (2).

Timothy J. Coelli, D. S. Prasada Rao, Christopher J. O'Donnell. 2005. *An Introduction to Efficiency and Productivity Analysis*, New York:

Springer Science Business Media Inc.

Uzawa, Hirofumi. 1964. "Optimal Growth in a Two-Sector Model of Capital Accumulation". *Review of Economic studies*, 31.

Uzawa, Hirofumi. 1965. "Optimal Technical Change in an Aggregative Model of Economic Growth". *Review of International Economics*, (6).

Wang Yan, Yudong Yao. 2003. "Sources of China's Economic Growth 1952 – 1999: Incorporating Human Capital Accumulation", *China Economic Review*, 14 (1).

Xu, Chenggang. 2011. "The Fundamental Institutions of China's Reform and Development". *Journal of Economic Literature*, Vol. 49, No. 4.

Yang Xiaokai, J. Borland. 1991. "A Microeconomic Mechanism for Economic Growth". *Journal of Political Economy*, 99.

Young, Alwyn. 1995. "The Tyranny of Numbers: Confronting the Statistical Realities of the East Asian Growth Experience". *Quarterly Journal of Economics*, 110 (3).

Young, Alwyn. 2000. "Gold into Base Metals: Productivity Growth in the People's Republic Of China during the Reform Period". *The Journal of Political Economy*, (11).

Younge, Alwyn. 1991. "Leastokeyrning by Doing and the Dynamic Effects of International trade". *Journal of Political Economy*, 106.

Younge, Alwyn. 1993. "Invention and Bounded Learning by Doing". *Journal of Political Economy*, 101.

Younge, Alwyn. 1998. "Growth without Scale Effects". *Journal of Political Economy*, 106 (7).

阿德尔曼、莫里斯，2009，《发展中国家的经济增长与社会平等》，华夏出版社。

阿瑟·刘易斯，2002，《经济增长理论》，商务印书馆。

白重恩、钱震杰，2009，《谁在挤占居民的收入——中国国民收入分配格局分析》，《中国社会科学》第 5 期。

保罗·克鲁格曼，1995，《亚洲奇迹的神话》，张铭译，《现代外国哲学社会科学文摘》第 7 期。

保罗·萨缪尔森、威廉·诺德豪斯，2007，《经济学（第十七版）》，人民邮电出版社。

北京大学中国经济研究中心宏观组，2004，《产权约束、投资低效与通货紧缩》，《经济研究》第 6 期。

蔡昉，2007，《中国经济发展的刘易斯转折点》，载《中国人口与劳动问题报 No18：刘易斯转折点及其政策挑战》，社会科学文献出版社。

蔡昉、王德文、都阳，2001，《劳动力市场扭曲对区域差距的影响》，《中国社会科学》第 2 期。

蔡昉、杨涛，2000，《城乡收入差距的政治经济学》，《中国社会科学》第 1 期。

曹玉书、楼东玮，2012，《资源错配、结构变迁与中国经济转型》，《中国工业济》第 10 期。

陈保启、李为人，2006，《生产性服务业的发展与我国经济增长方式的转变》，《中国社会科学院研究生院学报》第 6 期。

陈斌开、林毅夫，2010，《重工业优先发展战略、城市化和城乡工资差距》，《南开经济研究》第 1 期。

陈德球、李思飞、钟昀珈，2012，《政府质量、投资与资本配置效率》，《世界经济》第 3 期。

陈宏伟、李桂芹、陈红，2010，《中国三次产业全要素生产率测算及比较分析》，《财经问题研究》第 2 期。

陈平，2001，《中国的结构转型与经济增长》，《世界经济》第

3 期。

陈诗一，2011，《中国工业分行业统计数据估算：1980～2008》，《经济学（季刊）》第 10 期。

陈彦斌，2005，《中国经济增长与经济稳定：何者更重要》，《管理世界》第 7 期。

陈艳莹、原毅军、游闻，2008，《中国服务业进入退出的影响因素——地区和行业面板数据的实证研究》，《中国工业经济》第 10 期。

陈瑛、杨先明、周燕萍，2012，《社会资本及其本地化程度对农村非农就业的影响——中国西部沿边地区的实证分析》，《经济问题》第 11 期。

陈志武，2009，《中国经济发展模式中的为什么》，《国际融资》第 8 期。

程大中，2003，《中国服务业的增长与技术进步》，《世界经济》第 7 期。

程贵，2012，《中国式财政分权、地方政府投资冲动与通货膨胀》，《宁夏社会科学》第 5 期。

崔功豪、魏清泉、陈宗兴，1999，《区域分析与规划》，高等教育出版社。

戴天仕、徐现祥，2010，《中国的技术进步方向》，《世界经济》第 11 期。

单豪杰，2008，《中国资本存量 K 的再估算：1952 - 2006 年》，《数量经济技术经济研究》第 10 期。

道格拉斯·C. 诺斯，1991，《经济史中的结构与变迁》，上海三联书店。

道格拉斯·C. 诺斯，2009，《西方世界的兴起》，华夏出版社。

邓彦，2006，《投资、消费、进出口贸易对经济增长贡献的实证分析》，《北京工商大学学报》（社会科学版）第 2 期。

蒂莫西·J. 科埃利、D. S. 普拉萨德·拉奥、克里斯托弗·J. 奥唐奈等，2008，《效率与生产率分析引论（第二版）》，王忠玉译，中国人民大学出版社。

丁骋骋，2010，《中国金融改革的内在逻辑与外部绩效：1979 - 2009》，《经济学家》第 9 期。

董桂才、朱晨，2013，《中国工业全要素生产率增长行业差异及其影响因素研究——基于增长核算法 2 位数编码工业行业面板数据的实证分析》，《中央财经大学学报》第 11 期。

董直庆、戴杰、陈锐，2013，《技术进步方向及其劳动收入分配效应检验》，《上海财经大学学报》第 5 期。

段润来，2008，《晋升激励、制度创新与中国经济增长》，《河南大学学报》（社会科学版）第 6 期。

多恩布什、费希尔多、斯塔兹，1997，《宏观经济学（第 7 版）》，范家骧等译，中国人民大学出版社。

范恒山，2006，《中国经济体制改革的历史进程和基本方向》，《中国改革》第 8 期。

范剑勇，2004，《市场一体化、地区专业化与产业集聚趋势——兼谈对地区差距的影响》，《中国社会科学》第 6 期。

范巧，2012，《永续盘存法细节设定与中国资本存量估算：1952 - 2009 年》，《云南财经大学学报》第 3 期。

方文全，2012，《中国的资本回报率有多高？——年份资本视角的宏观数据再估测》，《经济学（季刊）》第 1 期。

费景汉、拉尼斯，2009，《劳动力剩余经济的发展》，华夏出版社。

傅勇、张晏，2007，《中国式分权与财政支出结构偏向：为增长而竞争的代价》，《管理世界》第 3 期。

干春晖、郑若谷，2009，《改革开放以来产业结构演进与生产率增长研究——对中国 1978 – 2007 年"结构红利假说"的检验》，《中国工业经济》第 2 期。

高保周，1997，《农业规模经营的宏观透视：另一个角度的效益》，《中南财经大学学报》第 6 期。

高帆，2007，《中国劳动生产率的增长及其因素分解》，《经济理论与经济管理》第 4 期。

格雷夫，2001，《后中世纪热那亚自我强制的政治体制与经济增长（续）》，《经济社会体制比较》第 3 期。

格雷夫，2001，《后中世纪热那亚自我强制的政治体制与经济增长》，《经济社会体制比较》第 2 期。

耿明斋，2007，《投资学》，上海财经大学出版社。

龚刚、陈琳，2007，《供给推动——论经济增长方式转型中的财政政策》，《南开经济研究》第 2 期。

龚六堂、谢丹阳，2004，《我国省份之间的要素流动和边际生产率的差异分析》，《经济研究》第 1 期。

顾海兵、沈继楼，2006，《近十年我国经济增长方式转变的定性与量化研究》，《经济学动态》第 12 期。

顾钰民，2013，《对经济体制改革核心问题的深化认识》，《经济纵横》第 2 期。

郭金龙，2000，《经济增长方式的国际比较》，中国发展出版社。

郭军华、倪明、李帮义，2010，《基于三阶段 DEA 模型的农业生产效率研究》，《数量经济技术经济研究》第 12 期。

郭克莎，1999，《总量问题还是结构问题？——产业结构偏差对我国经济增长的制约及调整思路》，《经济研究》第 9 期。

郭庆旺、贾俊雪，2005，《中国全要素生产率的估算：1979 – 2004》，《经济研究》第 6 期。

郭熙保、张平，2009，《对我国经济体制改革论争的回顾与思考》，《江海学刊》第 4 期。

国家统计局，2010，《新中国 60 年统计资料汇编》，中国统计出版社。

国家统计局，2011，《中国统计年鉴 2011》，中国统计出版社。

H. 钱纳里、S. 鲁滨逊、M. 赛尔奎因，1989，《工业化和经济增长的比较研究》，吴奇、王松宝等译，上海三联书店、上海人民出版社。

哈继铭，2005，《中国正在"补贴全球"》，http://blog. bio-on. cn/user1/2942/archives/2005/18142. shtml。

韩廷春，2000，《结构变动与经济增长》，《湘潭大学社会科学学报》第 4 期。

韩莹，2008，《技术进步对我国经济增长贡献率的测定及实证分析》，《经济问题探索》第 4 期。

郝继明，2009，《60 年经济体制：演变轨迹与基本经验》，《现代经济探讨》第 8 期。

何伟，2010，《国企改革遇到新难题》，《炎黄春秋》第 4 期。

贺菊煌，1992，《我国资产的估算》，《数量经济与技术经济研究》第 8 期。

胡鞍钢、郑京海，2004，《中国全要素生产率为何明显下降》，《中国经济时报》3 月 26 日。

胡绳，1991，《中国共产党的七十年》，中共党史出版社。

黄晓鹏，2006，《加快经济增长方式转变关键在政府推动制度变迁》，《中国社会科学院研究生院学报》第 4 期。

黄勇峰、任若恩、刘晓生，2002，《中国制造业资本存量永续盘存法估计》，《经济学（季刊）》第 2 期。

黄宗远、官汝凯，2008，《中国物质资本存量估算方法的比较与重估》，《学术论坛》第 9 期。

纪玉山、吴勇民，2006，《我国产业结构与经济增长关系之协整模型的建立与实现》，《当代经济研究》第 6 期。

简新华，2005，《论中国的重新重工业化》，《中国经济问题》第 5 期。

简新华、余江，2006，《重新重工业化不等于粗放增长和走旧型工业化道路——对吴敬琏研究员相关论述的质疑》，《学术月刊》第 38 期。

江泽民，1996，《加快改革开放和现代化建设步伐，夺取有中国特色社会主义事业的更大胜利》，十四大以来重要文献选编，人民出版社。

蒋伏心，2008，《经济增长方式转变：内涵的讨论与路径的选择》，《经济学家》第 3 期。

金戈，2009，《宏观调控下的地方政府官员晋升博弈分析》，《财经论丛》第 2 期。

靳涛、黄信灶，2012《二元竞争、政府悖论与要素扭曲——基于中国转型式经济增长特征的揭示》，《吉林大学社会科学学报》第 6 期。

库兹涅茨，1999，《各国的经济增长：总产值和生产结构》，商务印书馆。

郎荣燊、黎谷，1996，《投资学》，中国人民大学出版社。

李宾，2011，《我国资本存量估算的比较分析》，《数量经济技术经济研究》第 12 期。

李宾、曾志雄，2009，《中国全要素生产率变动的再测算：1978－2007 年》，《数量经济技术经济研究》第 3 期。

李稻葵、刘霖林、王红领，2009，《GDP 中劳动份额演变的 U 型规律》，《经济研究》第 1 期。

李富强、董直庆、王林辉，2008，《制度主导、要素贡献和我国经济增长动力的分类检验》，《经济研究》第 4 期。

李京文，1998，《中国产业结构的变化与发展趋势》，《当代财经》第 5 期。

李静、彭飞、毛德凤，2012，《资源错配与中国工业企业全要素生产率》，《财经研究》第 5 期。

李录堂、薛继亮，2008，《中国农业生产率增长变化趋势研究：1980～2006》，《上海财经大学学报》第 4 期。

李仁君，2010，《中国三次产业的资本存量测算》，《海南大学学报》（人文社会科学版）第 2 期。

李斯特，1961，《政治经济学的国民体系》，陈万熙译，商务印书馆。

李小平、卢现祥、朱钟棣，2008，《国际贸易、技术进步和中国工业行业的生产率增长》，《经济学（季刊）》第 7 期。

李鑫、朱龙飞、邓淇中，2012，《我国三次产业结构演进与宏观经济波动分析》，《湖南科技大学学报》（社会科学版）第 5 期。

李扬、殷剑峰，2005，《劳动力转移过程中的高储蓄、高投资和中国经济增长》，《经济研究》第 2 期。

李玉、王吉恒、孙飞霞，2013，《民间金融的规范发展：兼论温州金融改革》，《商业研究》第 2 期。

李占风、袁知英，2009，《我国消费、投资、净出口与经济增长》，《统计研究》第 2 期。

厉以宁，2013，《中国经济双重转型之路》，中国人民大学出版社。

林书民、张志民，2008，《投资低效与经济增长：对中国资本存量和无效投资的估算》，《河南社会科学》第 5 期。

林毅夫，2008，《发展与转型：思潮、战略和自生能力》，《北京交通大学学报》第 4 期。

林毅夫、苏剑，2007，《论我国经济增长方式的转换》，《管理世界》第 11 期。

刘国光、李京文，2001，《中国经济大转变：经济增长方式转变的综合研究》，广东人民出版社。

刘瑞明，2011，《所有制结构、增长差异与地区差距：历史因素影响了增长轨迹吗?》，《经济研究》第 2 期。

刘瑞翔、安同良，2011，《中国经济增长的动力来源与转换展望——基于最终需求角度的分析》，《经济研究》第 7 期。

刘巍，2003，《"人均受教育年限"三种计算方法的比较》，《北京统计》第 6 期。

刘伟、李绍荣，2011，《所有制变化与经济增长和要素效率提升》，《经济研究》第 1 期。

刘伟、张辉，2008，《中国经济增长中的产业结构变迁和技术进步》，《经济研究》第 11 期。

刘小玄、李双杰，2008，《制造业企业相对效率的度量和比较及其外生决定因素（2000~2004）》，《经济学（季刊）》第 3 期。

刘兴革，2006，《信息化：转变经济增长方式的新途径》，《学术交流》第 8 期。

刘志彪，2011，《为什么我国发达地区的服务业比重反而较低?——兼论我国现代服务业发展的新思路》，《南京大学学报》第 3 期。

鲁晓东、连玉君，2012，《中国工业企业全要素生产率估计：1999-2007》，《经济学（季刊）》第 1 期。

陆铭、陈钊，2008，《在集聚中走向平衡：城乡和区域协调发展的"第三条道路"》，《世界经济》第 8 期。

吕冰洋、郭庆旺，2012，《中国要素收入分配的测算》，《经济研究》第 10 期。

吕文慧，2004，《国有企业与民营企业效率差异的比较——人力资本产权角度》，《经济问题探索》第 9 期。

罗斯托，1962，《经济成长的阶段》，商务印书馆。

罗斯托，1988，《从起飞进入持续增长的经济学》，贺立平译，四川人民出版社。

洛士远、史晋川，2001，《知识吸收能力与内生经济增长》，《数量经济与技术经济研究》第 11 期。

马克思，1975，《资本论（第三卷）》，人民出版社。

马克思、恩格斯，1974，《马克思恩格斯全集（第 13 卷）》，人民出版社。

欧林宏，2008，《财政效率及我国财政体制改革问题研究》，《经济学动态》第 11 期。

潘强恩、马传景，1998，《经济结构与经济增长》，经济科学出版社。

潘孝挺、左翔，2012，《地方官员激励和产权保护——基于企业微观数据的研究》，《财经研究》第 7 期。

彭国华，2007，《我国地区全要素生产率与人力资本构成》，《中国工业经济》第 2 期。

钱晓烨、迟巍、黎波，2010，《人力资本对我国区域创新及经济增长的影响》，《数量经济技术经济研究》第 4 期。

秦朵、宋海岩，2003，《改革中的过度投资需求与效率损失》，《经济学》（季刊）第 4 期。

邱家洪，2008，《建国以来中国经济体制的历史变迁与经验教训》，《北京工业大学学报》第 4 期。

邱晓华、郑京平、万东华等，2006，中国经济增长动力及前景分析》，《经济研究》第 5 期。

邵军、徐康宁，2011，《转型时期经济波动对我国生产率增长的影响研究》，《经济研究》第 12 期。

邵琍玲，1990，《改革中的中国国有企业效率》，《经济研究》第 7 期。

邵挺，2010，《金融错配、所有制结构与资本回报率：来自1999－2007 年我国工业企业的研究》，《金融研究》第 9 期。

邵晓、任保平，2009，《结构偏差、转化机制与中国经济增长质量》，《社会科学研究》第 5 期。

沈利生，2009，《"三驾马车"的拉动作用评估》，《数量经济技术经济研究》第 4 期。

石奇，2012，《动态效率、生产性公共支出与结构效应》，《经济研究》第 1 期。

史春云、张捷、高薇，2007，《国外偏离－份额分析及其拓展模型研究述评》，《经济问题探索》第 3 期。

世界银行 1984 年经济考察团，1985，《中国：长期发展的问题和方案》（主报告），中国财政经济出版社。

苏星，1999，《新中国经济史》，中共中央党校出版社。

孙文凯、肖耿、杨秀科，2010，《资本回报率对投资率的影响：中美日对比研究》，《世界经济》第 6 期。

谭崇台，2000，《发展经济学的新发展》，武汉大学出版社。

谭洪波、郑江淮，2012，《中国经济高速增长与服务业滞后并存之谜——基于部门全要素生产率的研究》，《中国工业经济》第 9 期。

谭砚文、温思美、汪晓银，2007，《中、日、美服务业劳动生产率对经济增长促进作用的比较分析》，《数量经济技术经济研究》第 12 期。

谭燕、陈艳艳、谭劲松，2011，《地方上市公司数量、经济影响力与过度投资》，《会计研究》第 4 期。

谭友林，2001，《中国劳动力结构的区域差异研究》，《人口与经济》第 1 期。

汤向俊、任保平，2011，《信贷偏好与中国低消费、高投资的经济增长结构——基于中美两国数据的比较分析》，《经济评论》第 1 期。

唐吉荣，2012，《从温州民间融资发展看我国金融改革》，《发展研究》第 1 期。

唐志红，1999，《中国平均利润率的估算》，《经济研究》第 5 期。

佟健、宋小宁，2012，《地方官员晋升锦标赛与中国经济增长》，《首都经济贸易大学学报》第 3 期。

童长凤，2012，《高投资与中国经济增长：资本生产率的考察》，《兰州大学学报》（社会科学版）第 5 期。

涂正革，2008，《环境、资源与工业增长的协调性》，《经济研究》第 2 期。

涂正革、肖耿，2005，《中国的工业生产力革命》，《经济研究》第 3 期。

汪德华、张再金、白重恩，2007，《政府规模、法治水平与服务业发展》，《经济研究》第 6 期。

汪小平，2007，《中国农业劳动生产率增长的特点与路径介析》，《数量经济技术经济研究》第 4 期。

王春雷、黄素心，2010，《三驾马车的拉动作用及扩大内需的政策选择》，《统计与决策》第 18 期。

王琳，2008，《产业结构与经济增长动态关系的实证研究——基于长江三角洲 16 城市的统计数据》，《江淮论坛》第 4 期。

王培先，2003，《适度规模经营：我国农业现代化的微观基础——一个新的分析框架》，复旦大学博士学位论文。

王曦、陆荣，2010，《体制演进、政府介入与投资膨胀：不确定性条件下的转型期投资模型》，《世界经济》第 1 期。

王贤彬、徐现祥，2009，《地方官员更替与经济增长》，《经济学家》第 4 期。

王贤彬、徐现祥、周靖祥，2010，《晋升激励与投资周期》，《中国工业经济》第 12 期。

王小鲁，2001，《改革 20 年和今后 20 年：投资对经济增长的贡献》，《国家行政学院学报》第 4 期。

王小鲁、樊纲，2000，《中国经济增长的可持续性——跨世纪的回顾与展望前言》，社会科学文献出版社。

王小鲁、樊纲、刘鹏，2009，《中国经济增长方式转换和增长可持续性》，《经济研究》第 1 期。

威廉·夏普、杰弗里·贝利、戈登·亚历山大，2001，《投资学（第六版）》，清华大学出版社。

卫梦星，2012，《"四万亿"投资的增长效应分析——"反事实"方法的一个应用》，《当代财经》第 11 期。

卫兴华、侯为民，2007，《中国经济增长方式的选择与转换途径》，《经济研究》第 7 期。

卫兴华、孙咏梅，2007，《对我国经济增长方式转变的新思考》，《经济理论与经济管理》第 3 期。

魏峰、荣兆梓，2012，《国有企业与非国有企业技术效率的比较》，《经济纵横》第 2 期。

魏下海、余玲铮，2011，《中国全要素生产率变动的再测算与适用性研究——基于数据包络分析与随机前沿分析方法的比较》，《华中农业大学学报》（社会科学版）第 3 期。

温涛、王煜宇，2005，《政府主导的农业信贷、财政支农模式的经济效应——基于中国 1952 – 2002 年的经验验证》，《中国农村经济》第 10 期。

翁媛媛、高汝熹，2011，《中国经济增长动力分析及未来增长空间预测》，《经济学家》第 8 期。

吴继英、赵喜仓，2009，《偏离 – 份额分析法空间模型及其应用》，《统计研究》第 4 期。

吴敬琏，2005，《中国增长模式抉择》，上海远东出版社。

吴敬琏，2008，《中国增长模式抉择（修订版）》，上海远东出版社。

吴立军、曾繁华，2012，《后危机时代中国经济增长的稳态路径研究——基于四万亿投资冲击下的偏离与均衡分析》，《当代财经》第 1 期。

吴鞬、严春晓、缪海斌，2012，《中国通货膨胀持久性分析：基于经济结构变化的视角》，《宏观经济研究》第 10 期。

吴忠群，2002，中国经济增长中消费和投资的确定》，《中国社会科学》第 3 期。

习咏黎，1996，《俄罗斯及东欧经济改革对中国的启示》，《经济评论》第 6 期。

夏杰长、李勇坚，2010，《中国服务业投资的动态效率分析》，《中国社会科学院研究生院学报》第 6 期。

项俊波，2008，《中国经济结构失衡的测度与分析》，《管理世界》第 9 期。

肖本华，2008，《投资成本、信贷扩张与资产价格》，《世界经济》第 9 期。

肖林兴，2013，《中国全要素生产率的估计与分解——DEA-Malmquist 方法适用性研究及应用》，《贵州财经学院学报》第 1 期。

谢琦，2007，《经济增长的模式转型与体制创新》，《社会科学辑刊》第 2 期。

谢千里、罗斯基、张轶凡，2008，《中国工业生产率的增长与收敛》，《经济学（季刊）》第 3 期。

辛鸣，2010，《"两驾马车"如何拉动中国经济健康成长——投资与消费应实现良性互动》，《财金研究》第 6 期。

徐家杰，2007，《中国全要素生产率估计：1978－2006 年》，《亚太经济》第 6 期。

徐文通，1992，《投资大词典》，中国人民大学出版社。

徐现祥，2007，《中国省区三次产业资本存量估计》，《统计研究》第 5 期。

许宪春，2000，《90 年代我国服务业发展相对滞后的原因分析》，《管理世界》第 6 期。

颜鹏飞、王兵，2004，《技术效率、技术进步与生产率增长——基于 DEA 的实证分析》，《经济研究》第 12 期。

杨海明、王燕，1998，《投资学》，上海人民出版社。

杨向阳、徐翔，2006，《中国服务业全要素生产率增长的实证分析》，《经济学家》第 3 期。

杨小凯、黄有光，1999，《专业化与经济组织——一种新兴古典微观经济学框架》，张玉纲译，经济科学出版社。

杨云，2006，《论人力资本积累视野下西部民族地区经济增长方式的转变》，《经济问题与探索》第 12 期。

姚洋、章奇，2001，《中国工业企业技术效率分析》，《经济研究》第 10 期。

叶晓楠，2008，《中国所有制发展出现新格局》，《人民日报（海外版）》。

叶宗裕，2010，《中国资本存量再估算：1952－2008》，《统计与信息论坛》第 7 期。

伊特韦尔等，1996，《新帕尔格雷夫经济学大辞典（第二卷）》，经济科学出版社。

袁晓玲、张宝山、杨万平，2008，《动态偏离－份额分析法在区域经济中的应用》，《经济经纬》第 1 期。

袁志刚、谢栋栋，2011，《中国劳动力错配对 TFP 的影响分析》，《经济研究》第 7 期。

岳希明、张曙光，2002，《我国服务业增加值的核算问题》，《经济研究》第 12 期。

张爱民、易醇，2011，《我国三次产业发展历程及政策启示》，《求实》第 2 期。

张保法，1997，《经济增长中的结构效应》，《数量经济技术经济研》第 11 期。

张成、陆旸、郭路等，2011，《环境规制强度和生产技术进步》，《经济研究》第 2 期。

张建升、谭伟，2011，《服务业劳动生产率增长滞后对就业的动态影响》，《生产力研究》第 12 期。

张军，2002，《资本形成、工业化与经济增长：中国的转轨特征》，《经济研究》第 6 期。

张军，2003，《澄清 GDP "三驾马车"谬误》，《焦点》第 5 期。

张军，2005《资本形成、投资效率与中国的经济增长——实证研究》，清华大学出版社。

张军、施少华，2003，《中国经济全要素生产率变动：1952 - 1998》，《世界经济文汇》第 2 期。

张军、吴桂英、张吉鹏，2004，《中国省际物质资本存量估算：1952 -2000》，《经济研究》第 10 期。

张军、章元，2003，《再论中国资本存量的估计方法》，《经济研究》第 7 期。

张平、余宇新，2012，《出口贸易影响了中国服务业占比吗》，《数量经济技术经济研究》第 4 期。

张善余，2004，《人口地理学概论》，华东师范大学出版社。

张学良、孙海鸣，2009，《探寻长三角地区经济增长的真正源泉：资本积累、效率改善抑或 TFP 贡献》，《中国工业经济》第 5 期。

张雪松，2003，《三大需求要素对我国 GDP 的贡献》，《宏观经济研究》第 3 期。

张宇，2007，《FDI 与中国全要素生产率的变动——基于 DEA 与协整分析的实证检验》，《世界经济研究》第 5 期。

张卓元，2007，《以节能减排为着力点推动经济增长方式转变》，《经济纵横》第 15 期。

章祥荪、贵斌威，2008，《中国全要素生产率分析：Malmquist 指数法评述与应用》，《数量经济技术经济研究》第 6 期。

赵晓雷、申海波，2004，《上海 GDP 三大需求要素的贡献度和相关性研究》，《财经研究》第 1 期。

赵志耘、刘晓路、吕冰洋，2006，《中国要素产出弹性估计》，《经济理论与经济管理》第 6 期。

赵志耘、杨朝峰，2011，《中国全要素生产率的测算与解释：1979－2009 年》，《财经问题研究》第 9 期。

郑超愚，2008，《中国经济增长的模式、结构与效率》，《金融研究》第 11 期。

郑京海、胡鞍钢，2005，《中国改革时期省际生产率增长变化的实证分析（1979－2001 年）》，《经济学（季刊）》第 2 期。

郑京海、胡鞍钢、Arne Bigsten，2008，《中国的经济增长能否持续？——一个生产率视角》，《经济学（季刊）》第 4 期。

郑若谷、干春晖、余典范，2011，《中国产业结构变迁对经济增长和波动的影响》，《经济研究》第 5 期。

郑玉歆，1999，《全要素生产率的测度及经济增长方式的阶段性"规律"——由东亚经济增长方式的争论谈起》，《经济研究》第 5 期。

郑玉歆，2007，《全要素生产率的再认识——用 TFP 分析经济增长质量存在的若干局限》，《数量经济技术经济研究》第 9 期。

中国经济增长与宏观稳定课题组，2010，《资本化扩张与赶超型经济的技术进步》，《经济研究》第 5 期。

中国社会科学院经济体制改革 30 年研究课题组，2008，《论中国特色经济体制改革道路（上）》，《经济研究》第 9 期。

中国社会科学院经济体制改革 30 年研究课题组，2008，《论中国特色经济体制改革道路》，《经济研究》第 9 期。

周明海，2011，《中国劳动收入份额变动的测度与机理分析》，浙江大学博士学位论文。

周起业、刘再兴，1989，《区域经济学》，中国人民大学出版社。

周振华，1991，《现代经济增长中的结构效应》，上海三联书店。

朱承亮、岳宏志、李婷，2009，《中国经济增长效率及其影响因素的实证研究：1985 – 2007 年》，《数量经济技术经济研究》第 9 期。

朱克朋、刘小玄，2012，《国有企业效率与退出选择——基于部分竞争性行业的经验研究》，《经济评论》第 3 期。

朱启铭，2006，《促进经济增长方式转变的金融深化机制研究》，《价格月刊》第 4 期。

朱全景，2013，《中国的经济转型与公众参与》，《中央社会主义学院学报》第 4 期。

朱喜、李子奈，2006，《改革以来我国农村信贷的效率分析》，《管理世界》第 7 期。

图书在版编目（CIP）数据

投资主导的经济增长：结构、效率及转型路径／王
远著. -- 北京：社会科学文献出版社，2018.12
（传统农区工业化与社会转型丛书）
ISBN 978 - 7 - 5201 - 2224 - 5

Ⅰ.①投… Ⅱ.①王… Ⅲ.①中国经济 - 经济增长 -
研究 Ⅳ.①F124.1

中国版本图书馆 CIP 数据核字（2018）第 028897 号

传统农区工业化与社会转型丛书

投资主导的经济增长：结构、效率及转型路径

著　　者／王　远

出　版　人／谢寿光
项目统筹／邓泳红　吴　敏
责任编辑／张　超

出　　　版／社会科学文献出版社·皮书出版分社（010）59367127
　　　　　　地址：北京市北三环中路甲29号院华龙大厦　邮编：100029
　　　　　　网址：www. ssap. com. cn
发　　　行／市场营销中心（010）59367081　　59367083
印　　　装／三河市尚艺印装有限公司

规　　　格／开　本：787mm×1092mm　1/16
　　　　　　印　张：13.5　字　数：169千字
版　　　次／2018年12月第1版　2018年12月第1次印刷
书　　　号／ISBN 978 - 7 - 5201 - 2224 - 5
定　　　价／79.00元

本书如有印装质量问题，请与读者服务中心（010 - 59367028）联系